テロリズムの罠　左巻

——新自由主義社会の行方

佐藤　優

角川oneテーマ21

はじめに——新自由主義との思想戦

本書『テロリズムの罠　左巻——新自由主義社会の行方』は、私が尊敬する『産経新聞』社会部編集委員・宮本雅史《まさふみ》氏の協力を得て創刊した角川学芸出版のウェブマガジン『WEB国家』に連載した拙稿「国家への提言」のうち、新自由主義が日本の国家と社会に与える影響について書いた論考に加筆、編集を加え、さらに「『蟹工船』異論」（第2章、四〇〇字詰め原稿用紙換算で約六〇枚）、「はじめに」、「あとがき」を書き下ろしたものである。

「二〇〇八年は最悪の年で、あのときに国際秩序が大きく悪い方向に転回した」と後世の歴史家が評価するようになるのではないかと私は危惧《きぐ》している。他の年と比較して、二〇〇八年には世界史の質を変えるような出来事が二つあった。

第一は、八月のロシア・グルジア戦争だ（本件についての詳細は、本書と同時刊行された

『テロリズムの罠　右巻――忍び寄るファシズムの魅力』で論じたので、是非、参照していただきたい）。この戦争に関しては、ロシアもグルジアも同じくらい悪い。最大の問題は、国家間の懸案を解決する際に武力行使が安易に行われるようになってしまったことだ。

第二は、九月に米国証券会社リーマン・ブラザーズが破綻《はたん》したことを契機に起きた世界不況だ。それによって新自由主義に基づくグローバル資本主義は終焉《しゅうえん》した。正確に言うと、新自由主義をこのまま放置しておくと、人間社会が崩壊してしまうことを政治・経済・学術エリートが認識したということだ。そして、主要国は国家機能を強化して新自由主義に歯止めをかけようとしている。その結果、グローバル資本主義が終焉することになるであろうという予測を私はしている。

ここには若干の希望的観測もある。もしかすると、新自由主義に対する歯止めはもはや利かなくなっており、ごく一部の経済エリートとそれに結びついた政治エリートだけが生き残り、大多数の人間は富を絞り出すための原材料として用いられる、純粋な資本主義社会が出現するのかもしれない。

もっとも人間には反発力がある。いつまでも虐《しいた》げられた状況に置かれていて我慢する人間はいない。不満をもつ人々を糾合する思想が現れると、社会はまたたく間に変化する。

通常、それは革命という形をとる。革命による流血と混乱は、人々に大きな災厄をもたらす。革命を阻止するためにも新自由主義の流れを止めなくてはならないというのが私の信念だ。

なぜ、新自由主義がいけないのか？　私の理解では、新自由主義が、国家と社会がもつ暴力を加速する傾向があるからだ。

国家はその本質において、合法的な暴力を独占する機関である。国家は抽象的な存在ではない。国家として思考し、行為する実体は、官僚だ。新自由主義が理想とする「小さな政府」とは、国家機能から福祉、教育などの分野を削り取り、治安、外交、国防に国家機能を極力限定していこうという発想だ。「小さな政府」が実現すれば、警察官僚、司法官僚、外務官僚、防衛官僚の影響力が強化される。これらの官僚は、日常的に国家の強制力（暴力）を背負いながら、職務を遂行している。したがって、これらの官僚の職業文化は暴力的である。

私自身が外務官僚だったので、官僚の暴力性が皮膚感覚としてわかる。官僚は、自らが決裁書に書いた事項がそのまま現実になることを喜ぶという性向がある。現役外交官時代、「教えた通りにやれ」という言葉をよく耳にした。外務官僚が組み立てた外交方針が正しいのであるから、政治家や民間人は、余計な嘴《くちばし》を差し挟まずに、外務省の方針に従えということだ。

また、「あの記者は可愛い、あの記者は可愛くない」、「あの会社は可愛くない」などという会話も頻繁に交わされた。可愛い、可愛くないというのは容姿のことではない。外務官僚の言うことをよく聞くジャーナリストや企業が可愛いのであり、そうでない者が可愛くないのだ。これが官僚の美学と結びつく。要するに、官僚の言うことを素直に聞く者は美しく、そうでない者は汚いのだ。困ったことに官僚には、汚いものを除去しようとする本能がある。官僚文化が暴力的になると、国家の意向にそぐわない要素をただちに除去してきれいな社会をつくろうとするようになる。

新自由主義は、生活における貨幣《マネー》の比重を高めてしまうので危険だ。貨幣はその本性として暴力的だ。資本主義社会では貨幣によって人間の意思を容易に支配することができる。社会の暴力が貨幣に受肉（神がイエス・キリストになること。具体化を意味する神学用語）しているから、このようなことが可能になる。

新自由主義社会は、市場による競争で、最も合理的で公正な配分ができると考える。現在貧しい者も、努力をすれば市場の競争で挽回《ばんかい》することができるというが、それは嘘だ。

市場において、豊かな者と貧しい者では、初期段階でもっている道具や情報に格段の差がある。東京から新大阪まで競走するのに、新幹線と自転車では、同じ東京駅から出発するにしても、自転車が勝つことは絶対にない。

市場競争の論理で新自由主義を批判することはできない。商品や貨幣は自明のものではなく、近代資本主義の成立とともに人間の生活を支配するようになったということが、市場競争を前提とするいわゆる近代経済学では理解できないのだ。マルクス経済学やカール・ポラニーの経済人類学のような、幅広い教養と歴史認識に裏づけられた経済哲学をもたなくては、現下の日本と世界が陥っている危機を理解することはできない。

共同体と共同体の間の交換から商品が生まれた。商品交換を円滑に行うためには、物々交換ではなく、一旦《いったん》、商品を貨幣に交換して、その貨幣によって他の商品を購入するというシステムが必ずできる。この場合、商品と貨幣の関係は非対称だ。貨幣があればいつでも商品を購入することが可能であるが、商品があってもそれが貨幣になるという保証はないからだ。商品が貨幣になるためには「命がけの飛躍」が必要とされる。しかし、普段はこの「命がけの飛躍」については意識しないで経済生活を営むのが資本主義の常識である。不況や恐慌に直面して、われわれは初めて商品と貨幣の関係の非対称性について認識するのである。

貨幣を増やそうとして用いる運動が資本である。商品と貨幣の関係を絶対的なものと考えていると、結局、人間が資本の奴隷になり、カネだけを追求するつまらない人生を送ることになるという警鐘をカール・マルクスは『資本論』で鳴らした。

マルクスには二つの魂がある。

一つ目は、共産主義社会を実現したいという革命家の魂だ。しかし、われわれはソ連というマルクス主義による、（共産主義社会の初期段階である）社会主義社会がどのような地獄絵をつくりだしたかを知っている。したがって、革命家としてのマルクスの魂については、とりあえず横に置いておく。

二つ目は、資本主義社会の内在的論理を明らかにするという観察者としての魂だ。この魂を発展させたのが、日本の傑出したマルクス経済学者、宇野弘蔵《こうぞう》である。私は、マルクス―宇野の線に沿って新自由主義社会の行方について考えている。

＊

本書は、『テロリズムの罠　右巻――忍び寄るファシズムの魅力』と有機的連関をもっている。あわせて読んでいただければ、新自由主義がはらむ問題についての理解が一層深まると信じる。

なお、本書における役職・肩書き・年齢は、出来事が起きた当時のものとする。また、本文中の引用文のうち、引用文原文の旧漢字は新漢字に改め（人名は除く）、旧仮名遣いはそのままとした。更に、〔 〕内の付記は、書籍化に際して特に加筆された註記であることをお断りしておく。

■テロリズムの罠　左巻——新自由主義社会の行方　目次

第3章 控訴棄却

領土問題の交渉術　217

あとがき——テロとクーデターを避けるために　229

序　章　なぜいま国家について語らなくてはならないのか

国家の暴力性とは？　国を愛するとは？　国家論が流行する中、本格的国家論を目指し、国家の根本的課題を提起する。

国民の災厄に備える

国家、その二つの顔

現下日本では、〝国家〟について語ることが一種の流行になっている。鈴木宗男《むねお》疑惑に絡む国策捜査の実態を明らかにした『国家の罠──外務省のラスプーチンと呼ばれて』（新潮社、二〇〇五年）を筆者が上梓《じょうし》したことも、出版界における〝国家ブーム〟の流れを作るうえで影響を与えたという話もときどき耳にする。

筆者は国家主義者であると自己認識している。同時に筆者は国家が基本的に暴力装置であるということも認識している。しかし、われわれが主観的にいかに暴力を嫌っても、国際法が戦争を禁止できていないことからも明らかなように、国際社会には暴力が溢《あふ》れている。国家なしにわれわれが生きていくことは、現状としては不可能だ。

国家は必要悪であるというのが筆者の基本認識である。国家が必要悪であるという認識を抱いている有識者は多いと思う。しかし、その場合も、「必要」に力点を置くか、「悪」に力点を置くかで、それぞれの国家論の構成が大きく異なってくる。筆者は「必要」に力点を置く論者である。その根拠は筆者の個人的体験と深く結びついている。

それは、一九八七年八月から一九九五年三月までの七年八カ月、年齢としては二七歳から三五歳の青年期にモスクワに在住し、ソ連という巨大帝国が崩壊し、新たにリトアニア、ラトビア、エストニア、ウクライナなどの新国民国家と、荒廃の中から、ロシア連邦という名の新たな帝国が出現する過程を目の当たりにしたからだ。より具体的に言えば、国家が弱体化したり、消滅すると、その領域に住む普通の人々に大きな災厄をもたらすことを実感したからだ。この経験を経て、筆者は国家主義者になったのである。

いま国家について筆者が語りたいと思う理由は、このままの状況を放置していると、日本国家が内側から弱体化し、国民に大きな災厄をもたらすと考えるからだ。このような問題意識を共有する有識者は少なからずいると思う。それだから、国家を表題にした本が書店に数多く並んでいるのである。

しかし、ここで根源的な質問が出てくる。われわれは国家についてどれだけ理解しているのか。国家について論じると言いながら、実は国家と異なる問題について論じているのではないだろうか。

例えばわれわれは、国家と社会をきちんと区別した議論ができているだろうか。国家と社会の関係について、筆者は、イギリスの社会人類学者アーネスト・ゲルナーの言説が説得力をもつと考える。

〈人類は、歴史の中で三つの基本的な段階を経験してきた。前農耕社会、農耕社会、そして産業社会である。採集狩猟集団は、国家を構成するような政治的分業を受け入れるにはあまりにも小規模であり、過去においてもそうであった。したがって、彼らにとっては、国家の問題、つまり、安定し専門化した秩序強制の組織の問題は本当には起らない。対照的に、決してすべてのではないが、多くの農耕社会は国家を与えられてきた。これらの国家のあるものは強く、あるものは弱く、またあるものは専制的で、あるものは遵法的であった。その形態はそれぞれ非常に異なっている。人類の歴史における農耕社会の段階は、国家の存在自体がいわば選択肢であるような時期であった。さらに国家の形態は著しく多様であった。採集狩猟の段階では、この選択肢は存在しなかったのである。

それに対し、ポスト農耕社会、つまり産業社会では、再び選択肢が失われた。しかし、今度は国家の不在ではなく存在が避けられないものとなったのである。ヘーゲルをもじって言えば、かつては国家を持つものは誰もおらず、それから何人かが持つようになり、そしてついにすべてがそれを持つことになったのである。もちろん、その形態は今でも多様なままである。産業秩序の中でさえ、あるいはその中だからこそ、国家はなくてもよいものである、少なくとも有利な条件や時が満ちて実現される条件の下では国家は余計なものであるという社会思想の伝統――アナーキズム、マルクス主義――は存在する。しかし、これを疑問視すべき明らかで強力な理由がある。産業社会は非常に巨大であり、社会が慣れ親しんできた(あるいは慣習としたいと熱烈に思っているような)生活水準を維持するためには、信じがたいほど複雑で全面的な分業と協働とに依拠しなければならない。そうした協働のあるものは、順調な場合には、自律的で中央の強制を必要としないかもしれない。しかし、協働のすべてがそのように永続的に展開し、いかなる強制や統制がなくとも存続しうるというのは、人の軽信性にあまりにもつけこんだ考え方である。〉(アーネスト・ゲルナー『民族とナショナリズム』加藤節監訳、岩波書店、二〇〇〇年、八〜九頁)

産業社会において国家はかならず存在する。そのため現代人には、国家なき社会を理解することが難しくなっている。社会で解決すべき問題を、本質的に暴力装置である国家に委《ゆだ》ねることは、カテゴリー(範疇《はんちゅう》)違いであるし、危険である。具体的には、ドメスティック・バイオレンス(家庭内暴力)を警察官の介入によって解決しようとすることや、学級崩壊、学校崩壊を警察力によって押さえつけようとすることだ。このような対症療法の繰り返しが、国家によって家庭、教育など社会的領域のすべてを支配しようとする傾向を助長することになる。

官僚という階級の存在

国家は抽象物ではない。官僚によって維持されるシステムだ。官僚は本質として暴力的で、支配を好むのである。筆者の理解では、官僚支配が強まると社会の力が弱くなる。その結果、国家も弱くなる。このスパイラルに現在の日本は入っているのだ。

マルクスの『資本論』の論理によれば、資本に対応する資本家階級、労働に対応する労働者階級、土地に対応する地主階級という三大階級が存在するが、それに加え国家に対応する官僚階級が存在するというのが筆者の作業仮説である。

国家は、社会と渾然《こんぜん》一体になっているが、本質的に社会の外側に存在する。国家を実体的に担う官僚階級は、社会から租税を収奪することによって生活している。収奪する側と収奪される側では、その内在的論理は当然異なる。官僚でない国民から、官僚の内在的論理をとらえることは至難の業であるが、そもそも「不可能の可能性」に挑むことについて、筆者は神学的訓練を受けているので、この方法が援用できるかもしれない。


〈神に対する畏敬と謙遜がある人間の中に場所を持つという事実、すなわち、信仰の可能性は、ただ不可能性としてのみ理解されるべきである。〉（カール・バルト『ローマ書講解　上』岩波哲男訳、平凡社ライブラリー、二〇〇一年、一二七頁）

キリスト教神学の特徴は、不可能と思われることに挑んでいくことだ。それが神によって命じられているからである。ここでキリスト教の神を持ち出す必要はない。天照大神《あまてらすおおみかみ》につながる日本の神話でもいい。あるいは人間の存在について見つめるところからでてきた、自分の力では制御することができない超越性でもいい。超越的なものを意識しながら、国家（並びにそれを運営する官僚）の内在的論理を摑《つか》むということが「不可能の可能性」に挑むことだ。

日本国家に対して、畏敬《いけい》の念と謙虚な姿勢をもって臨めば、国家の暴力性という逆説を通じて、国家の必要性を読者に対してある程度の説得力をもって提示できるのではないかと筆者は考える。

ここで作業仮説を提示しておく。人間は、意思と表象能力をもつ。そのため、自らの意思の通りに他者が行動することを表象する。この表象を力で実現しようとすると暴力が生まれる。人間社会には暴力が内包されている。人間と人間の関係によって、社会も国家も形成されている。国家に暴力を集約させ、それができるだけ剝《む》き出しの形で行使されないような知恵を働かせることで、人間の社会全体が暴力で覆われることを避けることができるのではないかと筆者は考えている。剝き出しの暴力が蔓延《まんえん》することを防ぐために、暴力装置である国家が必要になることを筆者は説明したいのである。

国家権力の本質

『WEB国家』創刊の意図

本書の基となった諸論考が掲載されたのは、「はじめに」で触れた通り、二〇〇七年九月に創刊された角川学芸ウェブマガジン『WEB国家』連載においてである。

実は、このウェブマガジンの『国家』という表題は高橋和巳《かずみ》の小説『悲の器』からとったものである。この小説は、高橋和巳が文壇で認められた最初の小説である。最高学府(明示はされていないが、東京大学法学部を想定していることが前後関係から明らかである)で、法学部の主任教授を務める正木典膳が、手をつけた家政婦に婚約不履行で訴えられる過程で、知識人としても一人の人間としても、内側から崩壊し、破滅していくという観念小説である。

一九三〇年代後半、軍国主義の傾向が強まる中で、最高学府の法学部にも思想警察の手が伸びてくる。当時、正木は法学部専任講師を務めていた。ある年の一一月末、正木の上司である宮地経世教授が門下の教官を緊急招集する。正木が主宰する学術雑誌『国家』に掲載された論文が当局を刺激し、逮捕者がでたのだ。少し長くなるが、この会議の場面を引用する。

〈「懼れていたことが、とうとう現実になりました。わたしは、今夕六時までに警視庁に出頭せねばなりません。弁護士の遠出君が四時頃きてくれることになっております。関西にいる菊池君にも速達を出しておきました。検挙された二人には、不敬罪にせよ治安維持法にせよ、該当する起訴項目などほとんど考えることもできないくらいであり、身柄、書類ともに早く検事局に廻ったほうがよいと思われますが、法律の専門家であっても、いやそれゆえに、この時代にはかえって、警察拘留期間に、動静を聞きだそうとして苦しめられる可能性も充分あります。」

沈黙が四辺を支配した。

「検事局にいる卒業生の星野検事正には電話をしておきました。警察には思いあたる人物はわたしにはないのだが、姑息な手段のようだが、もし心あたりがおありの方は、どうか事情を話しこんでおいていただきたい。二人の身柄を、手段を問わず、くだらぬことを警察がはじめる前にひき出さねばならぬ。とくに荒川君のことは、前川さんが帰られたら、すぐ菊池弁護士に会っていただいて善後策を講じていただかねばなりません。それが当面の問題であります。それは、この研究室の責任においてなんとか手を打ちたく思っております。もし、ご助力を願えれば、もちろんお願いしたい。しかし、今日、幹事委員にわざわざお集り願いましたことの議題は、やはり、この雑誌「国家」を今後どう運営してゆくかにあります。最悪の予想しかたたぬ場合はしばらく休刊という処置もやむをえないかと思います。」

古風なイギリス製の背広を揺るがせ、独特の貧乏ゆすりをしながら宮地教授はしきりに苛立って、関係のない書類をいじくった。

「そんな必要はありませんでしょう。」

東洋史科の小佐井教授が鬚をいじりながら落着いた物腰で言った。一様に背をこごめて前に伏せている中で、和服姿の彼だけが昂然としていた。

「というのは？」

「この雑誌はつづけてゆかねばなりますまい。」

「いままでの方針どおりですか。」

「学術雑誌である以上、立場のいかんを問わず、学的水準に達しており、われわれの志向する綜合国家学に寄与する文献ならば、みな掲載すべきでありましょう。」

「鮮明な政治的立場を表明したものでもですね。」念をおすように荻野が言った。ロシヤ語にも練達する荻野は、当時すでにソヴィエト法理論の研究に着手しはじめていた。

「単なる紹介や宣伝は困りますがね。」ヨーロッパの近代の精神諸科学に比して、長い漢学の伝統のうえに立つ小佐井教授の発言は、自信に満ちており、同時に一向はやらぬ学科に従事する者の偏狭な頑固さをも示していた。

「わたしには……。」とその時、逮捕された荒川助教授の友人、新興の商科大学にいて、いささか毛色の異なる紳士、前川氏が口をはさんだ。「この雑誌に関しましては、わたしは素朴な一読者にすぎず、こうした雑誌はできるだけ、わが国の学問の進歩のためにも継続して発行していただきたいと思うことしか申せませんが、……ただ、荒川がなぜ検挙されたのか、彼の論文のどこが当局の逆鱗に触れたのか、それをどうしても知っておきたい。大正十年のワシントン軍縮会議における兵力量の決定と天皇の統帥権、つまりは国内法と国際法の準戦時態勢における軋轢という課題、それ自体がタブーだったわけでしょうか。」

「なぜ逮捕されたのか。僕にはまったく理解できない。」と富田副手が言った。「論文削除や発刊停止なら、やむをえないとうなずけもします。しかし、大学院の並川君は、最近、この雑誌の雑務を担当したにすぎない。僕が二カ月まえに胃病で入院して、今回はじめて僕の代りに資料要覧や校正の雑用を代行したにすぎなかった。」

「……過ぎないから、検挙されたのだとも考えられますね。」ヨーロッパ哲学の富岡博士が変におどおどした小声で口添えした。宮地教授の茶をすする音がいらだたしげに響く。

「宮地教授や寺内教授を、わが国の官僚組織の人材供給源である最高学府の主任教授を、そう無闇に幽閉はできませんでしょうからね、まだ。最近、京都学派が見舞われている弾圧は、いずれ地方に飛火し、やがてはお膝下のこの大学にもめぐってきましょうが、いまのところは軍部もそこまでは手がのばせない。だからこそ、地位のない並川君があげられたのだとわたしは考える。他の学科のことはよくわきまえませんが、教育勅語の解説担当者だった井上哲次郎先生の息のかかった教授方がその伝統を守っているわれわれの方よりも、京都学派の方にまず風あたりがきつくなるだろうことは、冷酷な言い草のようだが、充分考えられることでしょうね。」〉（高橋和巳『悲の器』河出文庫、一九九六

年、四八～五一頁）

国家に奉仕する者への、国家による断罪

角川学芸出版の編集者から、ウェブサイトで国家論について発信してみないかという提案を受けたとき、二五年以上前に読んだこの小説の中の小道具として「国家」という雑誌が使われていたということが、なぜか記憶の引き出しから突然でてきた。

確か、『悲の器』を書いたとき、高橋和巳は三一歳だった。高橋は京都大学の助教授を務めたが、官僚の経験はない。また、官僚を志向し、国家公務員試験を準備するような学生とはあまり縁がなかったと思う。しかし、官僚の体質と国家権力の本質について、よくとらえている。優れた小説家の洞察力によるものだ。

最高学府で、学術活動を通じ、国家に奉仕している知識人を国家権力が断罪するというパラドックスは、筆者の事件のときにも繰り返された。二〇〇二年五月一四日に筆者は、東京地方検察庁特別捜査部に背任容疑で逮捕された。容疑となった事案は、二〇〇〇年四月、イスラエル国のテルアビブで、テルアビブ大学主催で行われた「東と西の間のロシア」というテーマの国際学会に袴田《はかまだ》茂樹青山学院大学教授、田中明彦東京大学大学院教授、

末次一郎《すえつぐ》安全保障問題研究会代表（故人、陸軍中野学校出身の元情報将校で、北方領土返還運動に精力的に従事）などを派遣したことだ。この際に必要となる経費を外務省関連の国際機関「支援委員会」から支出したことが背任に問われたのだ。ちなみに一九九六年一〇月から二〇〇二年三月まで、筆者は外務省国際情報局でインテリジェンス業務を担当するかたわら、東京大学教養学部の非常勤講師（文部教官）として、冬学期に「ユーラシア地域変動論」の講義を担当していた。

事件の経緯については、前述の拙著『国家の罠』で詳述したので、ここでは繰り返さないが、筆者は外務省組織の一員として行動したのである。イスラエル国ではロシア系移民が人口一〇〇万人に達する（同国のユダヤ人人口の二〇パーセント）。これらロシア系移民は、ロシア政権中枢の情報をもっているので、日本外務省は北方領土交渉を進めるためにもイスラエル人脈を最大限に利用したのである。この学会もそのような流れの中で行われた。

決裁書には、ロシア支援室長、欧州局長、条約局長はもとより外務省トップの外務事務次官もサインしている。なぜかこの決裁書原本は外務省から消え去っているのだが、コピーを基に取り調べが行われた。二〇〇〇年四月当時、欧州局長でロシア問題、北方領土問題の責任者であった東郷《とうごう》和彦氏が控訴審（東京高等裁判所）で「佐藤君は組織の一員として行動していた。外務省条約局が本件については問題ないと判断した案件で、佐藤君が罪に問われる筋合いはない」と証言したが、裁判所は有罪であるという判断をした。

当時の検察の狙いは、筆者を経由して、鈴木宗男衆議院議員絡みの大事件を作ることだった。しかし、それは果たせなかった。筆者は用済みだったのだが、無罪放免というわけにはいかない。『悲の器』の中で、大学の有名教授に手が出せないので、助教授や大学院生が逮捕されるという構図が描かれているが、筆者の事件に関しても、東京地検特捜部は外務省幹部を逮捕したかったのである。捜査機関とはそういうものだ。

「不可能の可能性」に挑む

雑誌「国家」の生存戦略

さて、この小説の中で、正木典膳は、大学にとどまらず、あえて出向して検察官になるという選択をする。そのような形をとることが、雑誌「国家」を生き残らせるうえで効果的と考えたからだ。

〈そして、そのうえに、私にはもう一つの仕事があった。というのは、事実上、私の責任編集となっていた雑誌「国家」を上質紙が仙花紙になり、A5判がB6判に縮小し、頁数がわずか六十四ページにへったとしても、なお、それを守ってゆかねばならぬ義務である。それは、前任者がつぎつぎと不運の道を歩まねばならなかった事実ゆえに、逆に、私にとって避けえない責任と意識されていた。名義上では遠ざかり、実質的に雑誌を守りながら、同時におのれの身をまもる方策——私に可能な道はただ一つしかなかった。冷静な思弁の後に、なお選択すべき岐路が残るのなら、人は、あの幸せな楊朱《ようしゅ》の歎きを歎くことができる。だが、私にできることは、涙もなく独り私の夢を埋葬することだけだった。残されてある可能性という、何よりも甘美な青春の夢を。

私の方法は、共感よりも非難をあび、面とむかって、耳を覆いたくなる罵倒を師からすらこうむった。しかし、結果的に言えば、私の方法は正しかったのである。愚かさが誠実さと混同されるこの国では、永遠に正当化されえない正しさであるにしても。なるほど、雑誌に検事総長の雑文と小佐井教授の挟書律《きょうしょりつ》の研究が同居し、統制経済に関する法相の談話とフランス人権宣言の解説が目次に肩をならべたりする玉石混淆が生じた。発行所は宮地研究室から離れ、純粋な学術雑誌でもなくなった。しかし、紙背を見透し

う る人間なら容易に真意の汲みとれる秦代挟書律の研究の筆者がなぜ、喚問もされず告発もされずにすんだのか。自惚れではないが、それは私の処置が適切だったからだ。法務大臣や内務次官、あるいは検事総長などの雑文が巻頭に飾られた雑誌を、警察が発売禁止処分に付するはずはなかったからである。古代シャーマニズムと習慣法と題する論文が、心ある人には、岡田内閣いらいの祭政一致政策というアナクロニズムへの諷刺であるとわかっても、グラビア写真の大官たちの肖像ゆえに筆禍をまぬがれた。そして、その、実りのない、しかしやらねばならぬ原稿とりを、頭をさげ腰を屈して集めて廻ったのはこの正木検事だった。二股膏薬と罵られ、誹謗と悪意につつまれながら、酬われぬ仕事を私はした。〉（同書、一〇三〜一〇四頁）

現下、日本は確かに閉塞《へいそく》状況に陥っているが、『悲の器』が想定する一九三〇年代後半の事態が反復しているような状況にはまだ至っていない。しかし、官僚の能力低下と不作為体質が今後も継続していくと、国家が弱体化する。弱い国家は暴力性を強める。そうなると『悲の器』の世界が現実になるかもしれない。一般論として、能力が劣っている者は、知的な討論ではなく、力によって自らの意思を押しつける。その意味で、能力が基準に達していない官僚は恐ろしいのである。

国家の中で、国家と共に、国家を糺す

時代が極端な閉塞状況に陥った場合、筆者の性格からすると、反体制運動はもとより、異議申し立て行動も行わないと思う。基本的に時代の大きな流れに呑《の》み込まれるなかで、若干の軌道修正を図ることになると思う。この点については、別の場所で述べたが、重要なことなので繰り返しておく。

〈日本の現状に対して、怒りや嘆きは当然ある。しかし、愛国心とはそれとは別の位相から出てくる感情である。かつてイギリスの作家ジョージ・オーウェルは「右であれ左であれわが祖国」と言ったが、筆者もそう思う。一部の有識者からおしかりを受けることを覚悟した上で書くが、仮に日本国家と国民が正しくない道を歩んでいると筆者に見えるような事態が生じることがあっても、筆者は自分ひとりだけが「正しい」道を歩むという選択はしたくない。日本国家、同胞の日本人とともに同じ「正しくない」道を歩む中で、自分が「正しい」と考える事柄の実現を図りたい。

愛国心について考えるとき、筆者にイスラエルの友人が述べたことがいつも思い浮かぶ。この友人が一〇歳のとき、一九六七年に「六日戦争」（第三次中東戦争）に遭遇した。友人の母親は第二次世界大戦中、両親とはぐれ、難民になった経験がある。そのときの経験がよみがえったのか、いざというときに備え、母親が宝石と貴金属をスカーフに包んでいるのを見て、父親がこういった。

「無駄なことはやめなさい。もしこの戦争に敗れたならば、私たちは殺されるだけだ。ユダヤ人に〝逃げる〟などというぜいたくは許されていない」

いまでこそイスラエルは、エジプト、ヨルダンと平和条約を結んでいるが、当時は周囲すべての国がイスラエルの存在を認めず、たたきつぶそうとしていた。一見、イスラエルに住むユダヤ人もヨーロッパやアメリカに逃げれば、生き残ることができるように見える。「しかし、それは幻想だ」と友人は言う。なぜなら、「イスラエルという国家が地上に存在するから世界各国に在住するユダヤ人が保護されているのである。第二次世界大戦で、六〇〇万人のユダヤ人が殺されたのもわれわれを守る国家がなかったからだ。イスラエルが消滅すればユダヤ人の居場所は再びなくなる」

この友人の祖父は西ウクライナ（ガリツィア）のある町でパン屋を営んでいた。熱心なユダヤ教の信者で、ナチス・ドイツ軍が町に侵攻してきた日がたまたま安息日（土曜日）だったので、「侵略者よりも神を恐れるべき」と考えてシナゴグ（ユダヤ教会堂）に集まり、礼拝をしていた。ドイツ軍はこのシナゴグにガソリンをまいて火を付けた。祖父は焼け死んだ。

当時一七歳だった父親はアウシュビッツ収容所に送られ、生き延びた。あの悲劇を繰り返すことがないようにするために、戦後、ユダヤ人はイスラエル国家を再建したのである。イスラエル人の緊張感から日本人が学ぶべきことは多い。〉（『フジサンケイ ビジネスアイ』「佐藤優の地球を斬る」二〇〇七年七月四日付「愛国心について」）

このような私の愛国心に対する感覚と、小説ではあるが『悲の器』で展開されている正木典膳の世界観は親和的である。知識や教養は、現実の世界の中で有用性をもたないと意味がないと筆者は考える。

前に述べたように、現代人は社会と国家を分離して考えることが基本的にできなくなっている。しかし、国家と社会が一体化しているように見えても、この二つのシステムは系譜を異にするので、内在的論理を異にするのである。

この点を踏まえたうえで、筆者としては、以下の三つの事項に取り組みたい。
第一は、国家に関連する過去の出来事や思想についての紹介である。
第二は、日本国家に関する現状分析である。
第三は、日本国家に対する具体的提言だ。
いずれも「不可能の可能性」に挑むことであるが、全力を尽くしたい。

第1部

滞留する殺意

暴力化する国家と社会の論理

第1章　国家と社会と殺人

秋葉原無差別殺傷事件は思想事件であり、社会へのテロリズムである。同事件の直後に死刑が執行された三人の死刑囚の事件と秋葉原事件を対照させ、「競争社会において常に勝者であること」を望む思想の中に、〝殺人の芽〟が潜むことを読み解く。

「社会」へのテロリズム

国家論の課題としての「秋葉原無差別殺傷事件」

二〇〇八年六月八日昼過ぎに発生した秋葉原《あきはばら》無差別殺傷事件は、国家論の観点からも重要な意味をもつ。

この殺傷事件は、社会において生じたことである。国家を直接の標的とした政治テロとは異なる。仮にこの殺傷事件が総理官邸、国会や都庁で起きていたら、まったく異なった意味づけがなされていたであろう。あるいは、経団連や巨大企業を対象に行われたとしても、政治テロに準ずる扱いがなされたと思う。経団連や大企業は、本来、社会に属する存在であるにもかかわらず、国家に近い存在として受け止められているので、これらの組織に対するテロが政治性を帯びるのである。

ここでまず図式的整理をしておきたい。

「はじめに」、及び序章でも述べた通り、国家とは、抽象的な存在ではない。官僚によって運営される実体をもった存在である。官僚は、社会から、税という形で収奪を行うことによって生きている。この収奪が可能になるのは、国家が究極的に暴力によって支えられているからだ。国家と社会の関係は基本的に対立している。それならば、国家を除去して、社会だけを自立させることができるように思えるがそうではない。国家は必ず複数存在し、他の国家を征服、あるいは従属させて、収奪することを常に狙っているからだ。したがって、外部の国家と対峙《たいじ》するとき、国家は自らの社会を主観的にも客観的にも擁護する立場をとる。一つの国家・社会から国家を除去すれば、その社会はたちまち他の国家の餌食《えじき》になるだけである。それだから無政府主義者によって統治される領域が、現実の世界には出現しないのである。

しかし、原理的に国家がなくても社会は存在するが、社会なくして国家が存在することはない。このように国家と社会は、非対称の存在なのである。

秋葉原無差別殺傷事件は社会を対象にした犯罪である。秋葉原は、メイドカフェに象徴されるように仮想現実と現実存在が交錯する特別の場《トポス》である。このトポスには、現下日本の構造的な力が偏在している。この場を攻撃し、日本社会に「秋葉原に行くとどのような事態に遭遇するかわからない」という恐怖感を与えれば、人間と人間の関係から構築されているトポスが解体される。恐怖感（テロル）を与えるという点に注目すれば、この事件は社会テロとしての性格をもつ。犯罪は世論に対して一時的衝撃を与えても、社会構造に影響を与えない。テロは社会構造を変化させる。テロはトポスを解体し、社会を弱体化するのである。そして、国家が収奪する対象である社会が弱体化し、すなわち基礎体力が衰えると、収奪の可能性が減じることにより、結果として、国家を弱体化させるのである。

秋葉原以外にも、特別の意味をもつトポスはある。政界ならば永田町《ながた》で、官界ならば霞《かすみ》が関だ。このようなトポスが攻撃されれば、社会ではなく、国家機能そのものが毀損《きそん》される。

秋葉原無差別殺傷事件が、他のトポスに対して向けられたときの危険を日本国家は認識している。それだから、この事件に政府は迅速に対応し、派遣労働者に対する法整備を急速に進めたのである。結果から見るならば、国家に恐怖感を抱かせ、政策を変更させたので、秋葉原無差別殺傷事件は政治テロとしての効果をもった。

テロにおびえ、あわてて対症療法をするのは弱い国家だ。秋葉原無差別殺傷事件にうろたえる政府の様子で、日本国家の弱体化が国民の目にも明らかになった。このような国家の弱体化は急速に進む危険性がある。なぜなら新自由主義が浸透した結果、日本に固執せず、海外に移住することが、富裕層にとって容易になったからだ。

格差が進行し、絶対的貧困が起き、貧困層の富裕層に対する憎しみが強まると、カネやモノをもっている人々は日本にいることが恐くなる。富裕層の人間は、例えば、居住地を香港やシンガポールに定め、納税はこれらの国家に対して行い、日本国籍を保持しながらも、日本には訪問者として、ときどき訪れるというライフスタイルをとることができる。日本国家にとっては、重要な収奪の対象である富裕層を逃がしてしまうことになる。それから、「隣にいるのは殺人者かもしれない」という類《たぐい》の不信感が広まると、国民の一体感が薄れる。その結果、社会の力が弱くなる。

それだからこそ秋葉原無差別殺傷事件については、思想の問題としてきちんとした整理をしておく必要があると思う。筆者は、この事件について述べる場合、被疑者（犯人）の氏名にあえて言及しない。固有名詞がない方が、現下の日本が抱えている宿痾《しゆくあ》を見つめるのに適当と考えるからである。

◢秋葉原無差別殺傷事件と三人の死刑囚の刑執行

一見、直接の関係がないように見えるが、二〇〇八年六月一七日に三人の死刑囚の刑が執行されたことと秋葉原無差別殺傷事件の思想的連関を押さえておくことが重要と思う。具体的には、東京拘置所で宮崎勤《つとむ》氏（四五歳）、陸田真志《むつだしんじ》氏（三七歳）、大阪拘置所で山崎義雄氏（七三歳）の死刑が執行された。三人が起こした事件について検討してみよう。

〈宮崎死刑囚は（1）八八年八月、埼玉県入間市で四歳の女児を車で誘拐し、山林で絞殺（2）八八年一〇月、同県飯能市で七歳の女児を誘拐し、山林で絞殺（3）八八年一二月、同県川越市で四歳の女児を誘拐し、山林で絞殺（4）八九年六月、東京都江東区で五歳の女児を誘拐し、直後に車内で絞殺（5）八九年七月、東京都八王子市で六歳の女児を裸にした（年齢は当時）。／宮崎死刑囚は当初から殺害などの事実は認めていたが、公判に入って「もう一人の自分が現れた」などと述べるようになり、刑事責任能力の有無が最大の争点となった。一審段階の鑑定は、責任能力を完全に認めるものから限定的とするものまで三通りに分かれた。／九七年四月の東京地裁判決は、「人格障害の範囲だった」とする鑑定を採用。責任能力があったと認定して死刑を言い渡した。二審・東京高裁も〇一年六月に完全な責任能力があったと認めた。〇六年一月に最高裁が「性的欲求を満たすための犯行だ」と述べて被告側の上告を棄却する判決を言い渡し、同年二月に死刑が確定した。（中略）陸田死刑囚は九五年一二月、兄と共謀し、勤めていた都内の風俗店事務所で店長（当時三三）と経営者（当時三二）をナイフで刺すなどして殺害し、財布を奪った。二人の遺体をコンクリート詰めにし、茨城県の鹿島港に捨てた。／山崎死刑囚は八五年一一月、共犯の男と共謀し、知人の仙台市の主婦（当時四九）を絞殺し、自殺に見せかけて保険金約七〇〇〇万円を受け取った。九〇年三月、別の男とともに、保険金目的で香川県の男性（当時四八）の頭を鉄亜鈴で殴るなどして殺害し、遺体を高知県内に遺棄した。／死刑確定から執行までの期間は、宮崎死刑囚が二年四カ月、陸田死刑囚は二年八カ月、山崎死刑囚も三年四カ月となっており、「約八年」といわれてきた期間が大幅に短縮されたことになる。〉（二〇〇八年六月一七日付 asahi.com）

筆者の理解では、死刑確定から執行までの約八年間の期間が短縮されたのには意味があると思う。三人のうち、宮崎氏、陸田氏に、マスメディアを通じた発信能力があることを嫌がり、今後の発信の可能性を断ってしまおうという意図が、おそらく無意識に国家権力に働いたのだと思う。国家が被害者、被害者の遺族に代わって報復を行うというのは擬制である。仮に、被害者の遺族が死刑を望まないと言っても、国家が必要と考えれば処刑する。

一般論として、国家は、国民の声が国策遂行の役に立つと考えるときに、その声に耳を傾ける。国民の声が国策に反すると考える場合、通常は無視するが、その声が現実に影響を与える可能性が出てくると叩《たた》き潰《つぶ》そうとする。もっとも現実の国家は、官僚と、議院内閣制のもとにおいて行政府を構成する総理、大臣、副大臣、政務官などの政治家によって構成される。政治家は顔が見える。また、政治家は選挙によって選ばれるので、国民が当該政治家の政策に不満をもつ場合は、選挙によって落選させることが可能になる。

これに対して、試験による選抜、つまり「能力主義」によって採用される官僚は、政策を誤ったからといって、職を失うことはない。無能な官僚、あるいは社会通念で認められないような破廉恥行為を行っている官僚であっても、国民の意思に基づいて罷免することはできないのである。

今回の死刑においても、鳩山邦夫《はとやまくにお》法務大臣の顔はよく見える。しかし、鳩山氏は政治家として語っているのではなく、法務省という官僚組織のトップとして語っているのである。死刑を執行する主体は、鳩山氏だけでなく、その背後にいるわれわれの目に見えにくい法務官僚の集合的意思なのである。

どの死刑囚を、いつ——法務官僚の集合的意思

鳩山氏の発言を注意深く分析すれば、法務官僚の集合的意思がわかる。

〈鳩山法相は、一七日の三人の死刑執行をめぐり、〇七年までの一〇年間で「約八年」だった確定から執行までの期間が大幅に短縮されたことについて、「たまたま従来より短くなっているということ」と強調。「被害者や遺族にとって無念この上ない事件だ。百何人という未執行者のなかで、慎重にも慎重な検討を加えたうえで執行した」と述べた。〉（二〇〇八年六月一七日付 asahi.com）

鳩山氏が「慎重にも慎重な検討を加えた」ということは、そこに作為が働いているということにほかならない。鳩山氏自身が、判決文や公判関連文書を精査して検討するということは考えがたい。法務官僚が「大臣、今回はこの三人の死刑を執行したいと考えます。御決裁を」と言って決裁書を提出し、それが裁可され、死刑執行に至ったと考えるのが自然だ。

問題は、法務官僚が、なぜこの三人を選んだのかだ。もちろん法務省に照会しても明確な回答は得られないであろう。そもそも、法務官僚自身が、自らがもつ無意識を論理化することができていないと思う。この先は筆者の憶測である。しかし、筆者も国家官僚として、現場で二〇年近く熱心に仕事をしてきた経験があるので、官僚の内在的論理はよくわかる。したがって、まったく根拠のない憶測ではない。

霞が関（中央官庁）官僚の間で、「あいつは可愛くない」、「あの会社は可愛くない」、「あの国は可愛くない」という言葉をときどき耳にするが、「はじめに」で触れた通り、日本国家（すなわち官僚）の意のままに動く人や組織が「可愛い」のであり、日本国家を批判したり、異議申し立てをする人や組織は「可愛くない」のである。そして、そういう「可愛くない」人や組織を除去して、「きれいな空間」を作りたいという欲望を根源的に官僚はもっているのだ。秩序が保たれたきれいな空間というものに官僚は憧《あこが》れるのである。

国家の論理からすれば、被告人の主張は公判で十分聞いたうえで死刑が確定したのだから、あとは拘置所の独房でおとなしく執行を待っているのが「可愛い」死刑囚ということになる。宮崎、陸田の両氏は、マスメディアで発信をする力がある。国家官僚からすれば、それは「可愛くない」のである。このような発信能力のある確定死刑囚の死刑執行をするには、マスメディアからの批判的見解がでにくく、死刑廃止論者も活動しにくいときがよい。その意味で、二〇〇八年六月八日の秋葉原無差別殺傷事件の直後というのは、絶好のタイミングだったのだと筆者は憶測する。

宮崎氏については、死刑廃止運動に熱心に取り組んでいる創出版から『夢のなか——連続幼女殺害事件被告の告白』（一九九八年）、『夢のなか、いまも——連続幼女殺害事件元被告の告白』（二〇〇六年）が上梓《じょうし》されているので、是非、両書に目を通していただきたい。もちろん筆者は、宮崎氏の主張に納得しているわけではない。しかし、宮崎氏の内在的論理がこのように提示されたことは、今後、類似の犯罪を予防する場合の示唆を社会に対して与えていると考える。

筆者自身が刑事被告人だからよくわかるのであるが、公判のために作成される書類は、刑事責任の有無、軽重に関する観点から作成されるので、真相の究明という観点からは掛け離れてしまうのである。だから別の切り口からの記録が必要になるのである。ただし、秋葉原無差別殺傷事件と比較した場合、宮崎勤氏が起こした殺人事件は、同氏の固有性に帰着する要因が大きいように思える。いずれにせよ、今後、類似の犯罪を防止するためにも、宮崎氏の内在的論理を徹底的に解き明かす必要がある。それがなされぬ前に宮崎氏をこの世から排除してしまったことは、犯罪防止の観点からも問題があると筆者は考える。

「物神」と殺人

◢「勝者であること」への欲望に潜む〝殺人の芽〟

むしろ秋葉原無差別殺傷事件に通底する問題は、陸田氏の事件から読み解くことができると思う。死刑判決が確定する前に東京拘置所独房に収容されていた陸田氏は、哲学者の池田晶子《あきこ》氏（故人）との往復書簡を『新潮45』に掲載し、その後、単行本として上梓した。新潮社は、『週刊新潮』、『新潮45』などで、犯罪者に対する厳罰主義と、死刑存続を強く主張している。

その新潮社がなぜ死刑囚の言い分を紹介するような論考を『新潮45』に掲載し、その後、単行本にしたのであろうか。これは新潮社の商業主義からなされたものではないと筆者は認識している。陸田氏のテキストが優れているというのが決定的理由だ。だから新潮社の編集者は、このテキストを公共圏に出そうとする池田氏と、職業的良心に基づいて「共謀」したのだと筆者は考える。

この単行本の中で、陸田氏は、自らが殺人を犯した動機が、競争に勝って、他者を支配する欲望であったことを明確に認めている。

〈池田さんの御手紙を読んでみると、まだ私は考えが足りない。つまり何故当時の私の「金銭欲」が「殺人」になったのかという事です。この自分の短絡さをまだ考えていませんでした。色々と殺人の動機が言われる中で（基本的には全て自己愛ですが）、この「金銭目的」というのは非常に多くの人に納得されやすいものと言えるかも知れません（又、そうだとすると大変危険な事ではありますが）。とはいえ、私が私の「少年期の心の闇」とか「聖なる実験」といった子供《ガキ》っぽい話をする訳でもありません。そういった文芸的な美しいおハナシは他の方にまかせましょう。私が考えるのは人間（存在）の思考としての話なのですから。

当時の私には「金銭を多く欲しい」から「店を乗っ取る」、その為に「人を殺す」というこの考えの流れが最終的には当然のごとくに思えていたのですが、これは今考えてみると、とても不自然な考えです。一般常識で考えれば、「金銭が多く欲しい」なら、まっとうに働いてより多くの金銭を得ればいい訳ですし、当時の私や被害者のような考え方をしていた者にしても、「まっとうでない」仕事をしてでもより多くの金を得ればよかったのです。私は当時「半端な金じゃなくドーンと大金が欲しい」と常々思っていたのですが、それが絶対に「乗っ取り」である必要もなく、他の土地で同じ商売をしても又、極端にはどっかで強盗をやってもクスリやなんかの密輸をやってもよかった訳ですが、「乗っ取り」以外は考えませんでした。目の前で大金が動いていて、手っ取り早くそれに目を付けたという事もありますが、どうもそれだけではないのです。又、その乗っ取りに「殺人」がぜひ必要であったかというと、これもそうではないのです。今考えてみれば、犯罪業界の中での最も大きいリスク（量刑）を伴う殺人という事はせずに、店を乗っ取る方法がいくらでもあったのです。店自体、元々非合法な訳ですし（こんな事末だに考えてる私もなんですが)。

何故、「乗っ取り」をしたかったのか？　何故、それに「殺人」を必要としたのか？　これには当時の私だけでなく、今も多くの人が持っている人生観というか価値観に関係があるように思えます。それはあの「全てを勝ち負けで言う人生」という奴です。勝負事では普通相手が必要ですし、勝つ者が出れば負ける者が出ます。それは子供のケンカにしても経済にしても戦争にしてもそうでしょうし、言論人の方々が論争するのもそうでしょう。そして勝てばうれしく、負ければくやしく思えます。〉（池田晶子／陸田真志『死と生きる——獄中哲学対話』新潮社、一九九九年、二〇〇〜二〇一頁）

資本主義システムにおいて、貨幣と権力は交換が可能である。より多くの貨幣を獲得することによって、より多くの権力を得るのである。貨幣を媒介とした権力によって、他者を支配することも可能になる。そこから、競争に勝利してすべてを支配するという思想が染みついた人間が生まれる。

秋葉原無差別殺傷事件を引き起こした青年の価値観もこれとかなり近いと思う。ただし、陸田氏のように常に自己を「勝者」に位置づける操作を行わず、客観的に自らが敗者であるという認識をもつに至る。人生を勝負事の連続であるととらえるならば、青年の自己認識自体は、決して間違えていないのである。

陸田氏は、人生そのものが勝負事であったと振り返る。

〈私はギャンブルなどはほとんどやりませんでしたが、かつての私には人生そのもの毎日が勝負事でした。「誰かに負けてはダメだ」、この信念に凝り固まっていました（それはまだ私に残っているとも思えますが）。例えば誰か数人とで食事をし談笑していても、常にその中で一番の立場でありたい。何かの集団や職場にいても、その中で一番にならないと気が済まない。勿論、金も周りの奴より多く欲しい。その相手が家族、兄弟であってもそうでしたし、ヘンな話、女とｓｅｘしても「先にイッたら負け」位に思ってて、意地でも何時間もやって相手がヘトヘトにならないとイヤでした。（これは漫画家の内田春菊さんが書いてた、大抵の男にはある「女をヒイヒイいわせたい願望」でしょうし、それは多くの男の幻想である肉体的又は精神的マッチョ願望なのでしょう）。〉（同書、二〇一～二〇二頁）

物神性に気づいた死刑囚

陸田氏は、自らのこのような性格が形成された原因を学校教育システムや親のしつけに還元することを拒否する。

〈私のこういう性格を、頭《アタマ》の薄い社会学者などは「学校システム、偏差値教育のせい」とかぬかしたり、「親の育て方が悪かった」とか言う人もいるでしょうが、私はこのテの「～のせい」論にはほとほとイヤ気がさしてまして、これについて書くのはむしろ忌々しい位なのですが、私の事件に対して誤解のないよう今一度言及しておきますと、仮にそのシステムとやらが「悪かった」として、ではそのシステムに何の疑問も持たずにどっぷり漬かり（イヤなら辞めりゃいいのに）、そこに居るのを決めていたのは一体誰かという事になりましょうし、そのシステムで教育を受けたら、皆が皆私のような性格でしかも犯罪者になるのかと言えば、そんなはずもなく、現に私と同じ学校を出た者で私のような人間が他にもいるかと言えば、共犯者の兄以外一人もおらず、性格でいえば彼でさえ違い、さらに同じ親を持つ上の兄が、世の多くの人よりも高い倫理性を備えて立派に生きているという事からも、それは誤りであるとしておきます。

今現在の「自分」というものは、その人間のそれまでの自由意志の選択の総計であり、自分の犯罪の原因、責任を親や教師や社会に求めるのは単なる逃げ、甘えと思えます。何故なら世の中には親に本当の意味で虐待（レイプなど）を受けても、犯罪に走らずその傷《トラウマ》に耐えて生きている人がいるからです。貧乏だったにせよ自分を律して正しく生きている人がいるからです。完璧な人間などこの世にはいないように（皆、自分自身がそうであるように）、誰だって重箱のスミをつつくように思い出せば、親や教師の誤りの一つや二つ思い出す事も、それを自分の悪行の理由《トラウマ》にする事も出来、怒られりゃ傷付いたのが理由《トラウマ》、怒られなけりゃ甘やかされたのが理由《トラウマ》、何《なん》にもされなけりゃほっとかれたのが理由《トラウマ》、親がいなけりゃいないのが、学校行ってなきゃ行ってないのが理由《トラウマ》、しまいには生まれてくる時に子宮から出て来るストレスがトラウマなどという途方もない話にまでなる気がします。親が犯行現場に一緒にいて「やれ！」と命令したというなら話は別ですが、そりゃ「親の責任」というより「親が犯人」という事でしょうし、子供が他人に危害を与える事を親が知ってて止めなかったのなら親にも責任があるでしょうが、それで子供の責任が軽くなるとは到底思えません。〉（同書、二〇二～二〇三頁）

　ここから、陸田氏は、自らが引き起こした殺人事件について、考察を進める。少し長くなるが、重要な部分なので、正確に引用しておく。

〈結局の所、つづめて言えば、私のこの性格も子供の頃からの「自分は不幸で孤独なんだ」という孤独感、つまりは思い込み、甘えと（又、多分にその「不幸さ、他人とは違う運命」に酔っていたという事もあり）、小さい頃いわゆるモヤシっ子で、体もケンカも弱かった私は、ある頃から体を鍛え、「強さとは力であり、自分が幸せになるには他人を負かしていかねばならない」と考え、それが「勝つ」という事だと誤信した事によるのです。それで成長するにつれ、「金の力」や「暴力、犯罪の力」に自分を傾倒させていったのです。事件以前の私にとってはSMクラブという、皆が（恐らく池田さんも）眉をひそめる仕事でさえ、しごくまっとうな仕事と思え、「あー俺もマジメになったもんだ」と自分で自分をほめていたものです。バカそのものです。

　さて、それで私は被害者の一人である経営者の方と会うのですが、私が彼の事を次のように書くのは、御遺族の方にとっては大変腹立たしい事かと思えますが、どうか彼の当時の本当の心を知る為にも、そして今、彼らの心が何を望んでいるか知る為にも、読んでいただきたく思います。

彼は私以上の拝金主義者で、私ほどではないにせよ、やはり利己主義者でした。それは私が彼の「金への傾倒」においては、彼を尊敬した程です。そして私は初めのうち、彼とならば上手くやっていけそうに思い、必死で働く事で信用してもらおうとしました。事件当時の週刊誌などでは、元々「グループ」として大きくやっていたように書いてありましたが、私が入った当時、店舗も（といってもマンションの一室ですが）一つ、男の従業員も私だけで、女の質も数もかなりな低レベルでした（この言い方のほうがひどいですが）。それで私も色々と工夫して店はどんどん成長しだしました。ここで私の中に「権利意識」のようなものが出来てきました。「店を大きくしたのは俺だ」と思っていたのです。単なる従業員なのに。その後、もう一人の被害者の方が「店長」としてやって来ました。これも考えてみれば当然で、私は身元もちゃんと経営者の方には教えておらず、それで信用せいという方が無理な話で、その店長の方は身元なども全部教えていたらしく、大変信用され、あまり友人がいない経営者の方にとっては珍らしく打ちとけあえる友人という風に見えました。それで私としてはせっかく築き上げた物をかすめ取られたように思ったのです。（この権利意識というのはおかしなもので、自分が言ってる事が正しくない、自分の卑しい欲であると分かっている時にこそ強くなり、なんでも「権利」の一言で終わらせてしまうものです。それで何か「自分はやるべき事をしている」と思え、絶対に自分が間違っているとは思わなくなるものです）。それで私は二人に対して敗北感を持ち、又、強い孤独感にとらわれ始めました。前にも書きましたように、私にも当時米国で悪い事を一緒にしていた仲間がおり、その頃は金銭的な事でバラバラになっていました。そんな人間でも私には大切な友人と思えていて、何とか又一緒にやっていきたい、独りはいやだ、その為には金が必要だとも考えていました。又、「グループ」はその業界では№１になりましたが、私はそのグループ内では№１ではなく敗北感もあって、その事がガマンできなくなりました。

彼ら二人のやる事が（実際あまりほめられた話でもなかったのですが）腹立たしく、自分が「負けている」と思い知らされている気がしていました。で、色々と金をくすねたりしてウサを晴らしていたのですが、経営者の方に「待遇を変える」と言われた事に腹を立て（今風に言えばキレて）、「なら本気《マジ》で勝負だ」と考えたのです。その前にも、「金持ちになって彼らに勝ってやろう、そして友人も得よう」と考えていて、自分で他に店を出して「勝負しよう」とも考えたのですが、業界では完全に元のグループが寡占状態で、他に店を出しても潰されるのは目に見えてました。そこで何故他のまっとうな仕事にせよ何にせよ考えなかったのかとも思いますが、私には他の業種で戦っても勝ちではない、その業界から出たら、もう彼らに自分は完全に負けだと思えていました。他の土地でやる事さえ「勝負ではない」と思えていました。それで、「キレた」途端に「乗っ取る」事を考え始めました。彼らから直接「金と勝ち」を得てやると考えたのです。

今考えれば根本的に、何故金持ちになるのが他人に勝つ事になるのか、金で得られる友人がなんで友人なのかと思えます。

しかし今も多くの人がそうであるように、当時の私にとっても（そして被害者にとっても恐らく）、金は人が生きる上での一手段ではなく、人生の目標になっていました。どんな方法にせよ金さえ得れば何でも手に入る。人間はそれで全的幸福を得られると考えていました。この意味において「金銭目的で人を殺した」という事がすぐ納得できる人間は、以前の私と同じく、その全的目標の為なら人間は殺人でも何でも出来る、つまり自分もそう思うと考えている訳で、これは大変危険な思い違いです。

例えば、もし私の事件が何かの偶然で発覚しなかったとして、私が今も外《シャバ》でＳＭクラブを経営し、金も山のようにあって女をヤリまくっているとしましょう（実際あんなものは経営などという大層なものでもなく、あれで儲からないという奴はミジンコ以下ですが）。他にも実際にいわゆる「完全犯罪」や醜い事をして金を得《え》、欲しい物を手にして暮らしている人もいるでしょう（女、子供も含めて）。又、それを羨む人も、正当化している人もいるのでしょう。〉（同書、二〇三〜二〇六頁）

陸田氏の〈「金銭目的で人を殺した」という事がすぐ納得できる人間は、以前の私と同じく、その全的目標の為なら人間は殺人でも何でも出来る、つまり自分もそう思うと考えている訳で、これは大変危険な思い違いです〉という指摘は、きわめて重要である。マルクスの『資本論』の用語を用いるならば、陸田氏は、貨幣もしくは資本の「物神性」に気づいたのである。池田氏が、マルクス主義に対して、それほど強い関心をもっていないので、陸田氏が『資本論』に触れる機会がなかったことをとても残念に思う。

ラスコーリニコフへ——カネによって支配される思想から離れる

陸田氏は、この問題をドストエフスキーの方向で解明しようと試みる。

〈人が死ぬ時には自分の人生が映画のように思い出されるといいますが、その時初めて自分の行いの恐ろしさ醜さに気付くとしたら、（その苦しさは、以前どんな事をしても「死ねば終わりだ」とタカをくくっていた私が知っていますが、どんな肉体的苦痛より恐ろしいものです）、そしてその償いがもうできないと知りながら死ぬ、その気持ちはどうでしょう。醜い心で金を得《え》、醜い欲で一杯だった自分を知りながら、どう思って死ぬのでしょう。それが「いい人生、幸福な人生」なのでしょうか。（だからこそ、イエスの言葉を借りれば、「悔い改めなさい」という事でしょう）。ですので今私は、そういう生き方をしている人間を、「うらやましい」とか「うまい事やったな」とは思わないのです。「哀れな人間だ」と思うのです。貧しくても金持ちでも社会的に成功してもしなくても、賢くても無学でも、醜い生き方は醜い生き方でしかなく、つまりは金銭や地位名誉と人生の幸不幸は別物と思えます。「罪」とは相手に対するのと同じく自分にとっても「悪いこと」と、皆、知っているはずと思えます。皆、「罪」という言葉をそのように使っているという事からも。（だからもしこれを読んでいる人で、何かの罪を犯している人がいれば、それを悔いて欲しいし、法律に触れる事なら、人を殺しているなら特に、どうか自首して欲しいのです。それでどんな刑を受けようと、それは自分自身の為でもあるのです）。

では、その「罪の苦しみ」を自ら背負う事で、将来他者を救おうと考えたラスコーリニコフは「真の愛の人」かといえば、そうではないと断言できます。

ここにもトルストイや現代の多くの人と同じく、物質的価値と精神的価値の混同があるように思えます。彼が救うべきだった人間とは、強欲でその死を誰も悲しまないような老婆を殺す事によって得られる金を使い、将来彼が施す善行で物質的に救われる多数の貧者ではなく、その強欲な老婆本人(の生きた精神)だったと思えます(時節柄、「クリスマス・カロル」でスクルージが救われたように)。私も被害者の金や暮らしを羨んだりするのではなく、哀れんでやるべきだったのです。私と同じように金や物を追う事に必死で、自分と自分に関係する者だけが大切だった彼らの心を救ってやるべきだったのです。(とはいえ、その前に私もラスコーリニコフも自身の心を正すべきでしたが)。ドストエフスキーはこんな事を作品内では明言してませんが、熱心なキリスト教徒だった彼は、新約聖書の「あなたに百匹の羊があり、その中の一匹が迷い出たとすれば、九十九匹を山に残しておいてその迷い出ている羊を捜しに出かけないであろうか。もしそれを見つけたなら、よく聞きなさい、迷わないでいる九十九匹のためよりもむしろその一匹のために喜ぶだろう。そのようにこれらの小さい者のひとりが滅びることは、天にいますあなたがたの父のみこころではない」という この箇所を想定していたと思えます。そしてこれが多分、ラスコーリニコフへの答えでしょう。〉(同書、二〇六〜二〇七頁)

ここで言うトルストイの考え方は、物質的困窮から救われる非暴力の社会主義社会を建設することを指すのであろう。大貴族であったトルストイは、私財をなげうち、このような新しい村の建設に情熱を注いだ。現在で言うならば、福祉事業に該当するのであろう。しかし、そこではなく、カネによって支配される思想から離れること、これがキリスト教の主要な指針であるという結論に陸田氏は至る。このようなキリスト教解釈は、基本的に正しいと筆者は考える。

国家・死刑・裁判員制度

この機会に筆者の死刑制度に対する見解をもう一度述べておく。筆者は、人権派ではなく、国権派だ。国権派が死刑を支持するということは必ずしも言えない。死刑という剝き出しの暴力によって国民を抑えるような国家は弱い国家である。そのような剝き出しの暴力に依存せずに統治に自信をもっているのが強い国家であると筆者は考える。それ故に死刑は、基本的に廃止すべきと考える。基本的と留保をつけるのは、対外インテリジェンス（諜報《ちょうほう》）業務に関しては、自ら手を挙げて諜報業務についた者が、国家を裏切り、外国から侵略される可能性を招いた場合に限り、死刑を残しておかなくてはならないと考えるからだ。この場合、死刑を定めておかないと、国家が裏で当該人物を超法規的に抹殺してしまう可能性が高まるからだ。

筆者は、ヨーロッパ諸国が死刑を廃止したのは人権を尊重するからだとする見方は、硬貨の片面に過ぎないと思う。国権の観点から見て、死刑によって国民を威嚇《いかく》したりしない国家の方が、国民の信頼感を獲得し、結果として国家体制を強化することになるという認識があるから、ヨーロッパ諸国（ベラルーシを除く）は、死刑廃止という選択をしたのだと思う。国家を強化するために死刑廃止が必要だったのである。

二〇〇九年五月から我が国では裁判員制度が導入されるが、これも死刑制度とからんでいる。裁判官が死刑を言い渡すという重圧から逃れたいと無意識のうちに考えている。現在、日本の裁判では、起訴されると第一審段階で九九・九パーセントが有罪になる。第二審で第一審の無罪がくつがえされる事例も多い。結果から見るならば、裁判所は検察庁の起訴を追認する機関となっている。裁判官が自らの判決に自信をもっているならば、素人の国民を判決に巻き込むことなど考えない。それだから、江戸時代の石打ちやのこぎり引きのように、断罪に国民を関与させ、「死刑判決は私たち裁判官が勝手に言い渡したのではなく、国民のみなさんと一緒に決めたことです」という口実を設けようとしているのだ。裁判官は無意識のうちにそのような行動をとっているのである。裁判員制度の強引な導入も日本国家の弱体化を示すものである。

池田・陸田往復書簡に綴《つづ》られた、陸田氏の獄中における反省、考察を公共圏において提示し、議論をするならば、秋葉原無差別殺傷事件型の事件の内在的論理を解明するうえで少なからぬ貢献をするであろう。競争社会で常に勝者になりたいという思想、カネを物神とする思想に殺人の芽が潜んでいるという陸田氏の考察は鋭い。しかし、国家によって陸田氏の生命が絶たれてしまった現在、秋葉原無差別殺傷事件について陸田氏の見解を知ることはできないのである。これは、社会的に大きな損失である。

秋葉原無差別殺傷事件について、国がやらなくてはならないことは三つあると筆者は考える。

第一は、同事件の捜査と裁判だ。被告人の青年には、自らが起こした事件の責任を自覚してもらい、法の裁きによって、相応の刑事責任をとってもらわなくてはならない。

第二は、被害者、ご遺族に対するケアである。見舞金についても、経理をきちんと行う公的団体を窓口にして、広く国民に呼びかけるシステムができるように、国が支援すべきである。また、物質面のみならず、精神面、心理面のケアについても、国が態勢をととのえるべきだ。国家と社会が協力して、犯罪被害者を総合的に支援できるシステムをこの機会につくるべきである。国家の基本的機能は国民の安全を確保することだ。秋葉原無差別殺傷事件をめぐって、衆参両院の法務委員会、予算委員会、決算行政監視委員会が閉会中審理を行う必要があると思う。

第三に、インテリジェンスの観点から、この事件の調査、分析を行うことである。警察、検察の捜査は、被疑者の刑事責任を追及することを目的に行われる。そうなると、被疑者の家庭におけるしつけ、学校における教育、職場環境、世界観、人生観などについての調査は、犯行の情状という側面からしか解明されない。報道された内容からだけでも、被疑者が独自の内在的論理をもっていることは明らかだ。心理学、精神医療、犯罪史、文化人類学、社会学、労務管理論、経済学、思想史などの一級の専門家が特命インテリジェンス・チームを作り、刑事責任を追及する犯罪捜査とは別の角度から、被疑者の内在的論理を分析するのである。

これは、被疑者を甘やかすこととは異なる。インテリジェンス機関は、テロ活動が起きると、テロリストの内在的論理を徹底的に研究する。そして、テロリストになる個人の資質と、社会環境の要因を区別して、分析を行う。テロリストになる性向がある者でも、社会環境が整っていれば、テロ行為を行わない。

逆に、社会環境が劣悪であっても、テロリストになる性向がない者はテロ行為に走らない。人間の性向を変化させることは難しい。そうなると、テロリストになる性向がある者でも、テロへの踏み越えがなくなるように社会環境を整えることが重要になる。例えば、極端な考え方をもつ人々の主張であっても、集会や新聞・雑誌で発表できる回路があれば、政治的主張を行うことを目的とするテロを抑えることができる。

以下は、筆者がイスラエルの自爆テロ対策専門家から聞いた話である。

「パレスチナの自爆テロリストの事例について調査した結果、かかるテロを行わせる組織が、経済的に恵まれていない教育水準が比較的高い青年を狙うことがわかった。裏返して言うならば、失業、低賃金労働などの社会問題を解決し、青年たちが、現在のパレスチナ社会で生きていくことに執着するようになれば、テロは減る」

イスラエルはそのような観点から、社会問題を解決するためにパレスチナに援助を与えている。

もちろん、秋葉原無差別殺傷事件は、政治テロ事件ではない。しかし、被疑者の独りよがりな思い込みが引き起こした「思想事件」でもあり、「思想」が引き起こした社会テロ事件なのである。そして、このような社会テロは、結果として日本国家を弱体化する。この「思想」の内在的論理を解明し、今後、類似の事件が起きることを予防する方策について検討することが必要だ。国民が自国の路上を安心して歩くことができる環境を保障することも、国の重要な機能だ。事件が社会に与えている深刻さに鑑《かんが》み、内閣総理大臣が直轄する一級の専門家により構成される特命インテリジェンス・チームを内閣府に設置することを提案する。

第2章　『蟹工船』異論

現下日本の格差社会を等身大で表す小説としてベストセラーとなったプロレタリア文学作品『蟹工船』――。同作品に三年先立って公刊され、『蟹工船』に幾つものモチーフと想像力を与えた葉山嘉樹『海に生くる人々』との詳細な比較を通じ、解放と救済の性急な処方箋ではなく、「認識の闘争」こそが課題であることを論じる。

『蟹工船』という〝問題〟

〝等身大の文学〟としての『蟹工船』

二〇〇八年に小林多喜二《たきじ》の『蟹工船』が、突如、ベストセラーになった。きっかけは同年初めの全国紙の対談で、作家の雨宮処凛《あまみやかりん》氏と高橋源一郎氏が『蟹工船』について言及したことだ。少し長くなるが、現下日本の情勢を認識するうえで重要なので、二人のやりととりを正確に引用しておく。

〈●プロレタリア文学が現実に——雨宮さん／暗さにユーモアを対置する——高橋さん

高橋　今の時代は、明治に社会が戻った気がします。石川啄木は一九一〇年に「時代閉塞《へいそく》の現状」で当時の若者について「彼等の事業は、実に、父兄の財産を食ひ減《へら》す事と無駄話をする事だけである」と書いている。内容が、〇七年に話題になったフリーター、赤木智弘さんの論文「三一歳フリーター。希望は、戦争。」とまるで同じなんですね。

雨宮　昭和初期の作品ですが、たまたま昨日、『蟹工船《かにこうせん》』を読んで、今のフリーターと状況が似ていると思いました。

高橋　偶然ですが、僕が教えている大学のゼミでも最近読みました。そして意外なことに、学生の感想は「よく分かる」だった。僕は以前、「昔はプロレタリアというものがいたんだ」と、この小説を歴史として読んだけれど、今の子は「これ、自分と同じだよ」となるんですね。

雨宮　プロレタリア文学が今や等身大の文学になっている。蟹工船は法律の網をくぐった船で、そこで命が捨てられる。

高橋　そう、よく読むと、今で言う偽装請負なんだよね、あの船は。

雨宮　蟹工船がリアルに感じられるほど、今の若い人の労働条件はひどい。派遣で働いて即ネットカフェ難民になる例もある。今の貧困層には、いつどん底に落ちるかわからない不安があります。アパートも敷金礼金ゼロの安い物件だと、家賃滞納があればすぐ追い出され、ホームレスになってしまう。こないだも、仕事を辞めてそのままホームレスになった元正社員に会いました。バイト先もなく、親がいないから帰る場所もなくて二週間飲まず食わず。ミックスナッツだけで一〇日間暮らした人もいます。友達も貧乏で、友達の家に転がり込んだら二人で一気にホームレスになったり。

高橋　僕を含めた上の世代の多くは、日本にこんな貧困層がいると実感できないのかもしれません。当事者の声を聞いても、「大げさだ。そこまで貧乏になるはずがない」との思いこみで否定してしまう。僕だって最初は、雨宮さんの話をプロパガンダの一種ではないかと思っていたんです。プロパガンダは、一を「一〇だ！」と主張する。そのつもりで読んでいたら、実は「一が一」の話だった。相当多数の人間が「絶対的貧困」に陥っていたんですね。

雨宮　高橋さんは、その「大げさだ」という発想からどうやって抜け出たんですか？

高橋　僕自身一九七〇年ごろから約一〇年間、肉体労働者をしていました。特に七〇〜七二年には自動車工場の季節労働者でした。夜勤は二〇時から翌朝八時で、帰っても疲れて何もできない。そういう労働者に「なぜスキルアップをして抜け出ないんだ」と言っても、無理でしょう。でも、その後建設現場で働いた最後のころの給料は日に八〇〇〇円。一万円を超えた時期もあったと思います。

雨宮　今の倍近い！

高橋　なのに物価は上がった。僕自身の経験に照らせば、派遣の境遇もよく理解できる。

当時の自動車工場では、正社員の方がむしろ絶望していたような気がします。「お前たち季節工は辞められてうらやましい」ってよく言われました。七一年ごろ、正社員の一人に「将来の希望は何ですか」って聞いたら、一〇秒くらい考えて「退職だな」って返事が戻ってきた。希望は定年で退職金をもらうことで、それまでは何も考えないで過ごしていこうということだったんですね。

雨宮　今は逆で、季節労働者が派遣労働者に「直接雇用だから」とうらやましがられる。退職が正社員の希望だった職場で、直接雇用が派遣社員の希望になっている。そういう職場で年収五〇〇万がほしいと。

高橋　ところで、今のある種の反貧困論は一つだけ問題があって、楽しくないんですよね（笑い）。

雨宮　確かに……。

高橋　息苦しい世の中と対決するのに背筋をびしっとしたい気持ちは分かるけど、思想には余裕がないとダメではないでしょうか。たとえばマルクスの書いたものだって、戦闘的だったり論理的なものばかりじゃない。ユーモアがあるものだって随分ある。

雨宮　今、正規・終身雇用にみんなは落ち着けない状態を前提にして、もっと明るくやる方法もあると思うんです。東京・高円寺では貧乏な若者が「家賃をタダにしろデモ」をやってます。そういう突き抜けた取り組みがある一方、多くの人が開き直れなくてどんよりしている。

高橋　実際、経済的にも、これからの社会を考えても暗い。けれど、社会によって暗く思わされている側面もある。それに負けてしまうのは、戦略的に見てもよくないでしょう。もちろん、格差を許していいという話ではない。でもネガティブな情勢の正確な認識と、前向きな気持ちは両立します。なにせ、プロレタリアートには失うものがないはずなんですからね。

●リアリズムが帰ってきた——高橋さん／モデルがないという「自由」——雨宮さん

高橋　ほかにも、希望はあります。最近小説が面白くて、特に中心は雨宮さんと同世代の作家たちです。みんな貧乏くさいし、愚痴が多い。でもリアリズムを貫いている。彼らは厳しい状態に放り出されていて、その中で自分を確立させているから甘えがない。

雨宮　経済成長の時代は作家で挫折しても社会に戻れたけど、今はホームレスになるしかないので、覚悟が決まってるのかもしれませんね。

高橋　戦闘的だけどやみくもではなく、豊かではないけれど誰も恨んでいない。彼ら自身は直接、希望を語らないが、世界に立ち向かっている。その構えが他者に向かう場合もあるだろうし、自分だけの仕事になることもある。いずれにせよ、堂々としていると思います。

雨宮　今の二〇代に聞くと、中学時代、「これからは一〇人中二人しか幸せになれない」と教えられたと言うんです。その二人に入ろうとする人もいるけれど、全員が幸せになれないことをおかしいと思う人も増えている。これは希望ですね。ワーキングプアの現場は文学的で、人の生死をかけた言葉に出合ったり、バカみたいな優しさに直面したり。この一年くらい、「こんなに現実が面白いんだ」と打ちのめされてきました。

高橋 「現実が面白い」はすごいキーワードだね。もちろん、今の現実は厳しく耐え難いものなのかもしれない。でも一方で、これまでは逆に社会全体が現実離れしていたとも言えるのではないでしょうか。戦後すぐの小説にはリアルな苦しみがあったけど、高度成長期以降、抽象的な物語や絵に描いたような恋愛ばかりになった。小説だけでなく全体的に「現実」から遠ざかっていたんです。

「現実」が貧困と共にUターンしてきた。僕の三〇代ごろはリアリズムが古ぼけていたけれど、今はそれが面白い。リアルな人間には、境遇が悲惨でもそれをカバーする面白さがある。それが、希望かもしれません。我々は生きている以上、何かリアルなものに触れたいんです。それがネガティブなものであっても。

雨宮 九〇年代の日本は、まだ豊かな中流社会と思われていた。私は、その退屈すぎてうだるような平和に窒息しそうだった。当時、私は貧乏だけど、自分が貧乏だと気付くことすらできなかった。それが一番、きつかったんです。今は貧しい人が「自分は貧乏だ」と言いやすい。同じ境遇の人が多いですから。その意味で、九〇年代より今は

「すき間」があるのかもしれない。それに〇〇年代、「どうしたら幸せに生きられるのか」本当にわからなくなりました。それはある意味ものすごい「自由」でもある。それもまた、希望なのだと思います。〉（二〇〇八年一月九日付『毎日新聞』朝刊）

この対談後、新潮文庫版の『蟹工船・党生活者』が爆発的に売れ始めた。岩波文庫、角川文庫、金曜日などが刊行する『蟹工船』を合わせれば、二〇〇八年一二月時点で『蟹工船』の発行部数は七〇万部を超えたとされている。

◢『蟹工船』とリアリズムの諸問題

『蟹工船』が読まれる社会は、あまりよくない状態にある。それに加えて、この小説がリアリズムとしてとらえられていることに筆者は強い違和感をもつ。『蟹工船』は、近代文学以前の勧善懲悪物語だ。ここには、「正しい階級闘争の仕方」についてのマニュアルが満載されている。カトリシズムは人間の救済について、「教会以外に救いなし」と考えるが、それと同じように「日本共産党以外にプロレタリアートの救いはなし」ということを伝えるのが、小林多喜二が『蟹工船』を書いた目的だ。

この目的は部分的に達成されているようだ。日本共産党の機関紙『しんぶん赤旗』はこう報じている。

〈（一二月九日付『フィナンシャル・タイムズ・ドイチュラント』電子版は）日本では左傾化が進行しているとして、小林多喜二の『蟹工船』が七十万部も売れ、『資本論』のマンガ版もベストセラーになることが間違いないと指摘しています。

日本共産党に、最近一万人以上が入党し、数十万人が志位和夫委員長の演説をインターネットでダウンロードしていると紹介。「カール・マルクスの『社会的存在は意識を規定する』というテーゼは正しかったようだ」と結んでいます。〉（二〇〇八年一二月一八日付『しんぶん赤旗』電子版）

しかし、ソ連崩壊後の世界に生きているわれわれにとって、『蟹工船』が描く理想社会としてのソ連の姿は、リアリズムから掛け離れている。蟹工船の母船から離れた川崎船がソ連に漂着したときの経験に関する部分を見てみよう。

〈次の朝、川崎船は半分水船になったまま、カムサツカの岸に打ち上げられていた。そして皆は近所のロシア人に救われたのだった。

そのロシア人の家族は四人暮しだった。女がいたり、子供がいたりする「家」というものに渇していた彼等にとって、其処《そこ》は何とも云えなく魅力だった。それに親切な人達ばかりで、色々と進んで世話をしてくれた。然し、初め皆はやっぱり、分らない言葉を云ったり、髪の毛や眼の色の異《ちが》う外国人であるということが無気味だった。

何アんだ、俺達と同じ人間ではないか、ということが、然し直ぐ分らさった。

難破のことが知れると、村の人達が沢山集ってきた。そこは日本の漁場などがある所とは、余程離れていた。

彼等は其処に二日いて、身体を直し、そして帰ってきたのだった。「帰ってきたくはなかった。」誰が、こんな地獄に帰りたいって！　が、彼等の話は、それだけで終ってはいない。「面白いこと」が、その外にかくされていた。

丁度帰る日だった。彼等がストオヴの周りで、身仕度をしながら話をしていると、ロシア人が四、五人入ってきた。——中に支那《しな》人が一人交っていた。——顔が巨《おおき》くて、赤い、短い鬚《ひげ》の多い、少し猫背の男が、いきなり何か大声で手振りをして話し出した。船頭は、自分達がロシア語は分らないのだという事を知らせるために、眼の前で手を振って見せた。ロシア人が一句切り云うと、その口元を見ていた支那人は日本語をしゃべり出した。それは聞いている方の頭が、かえってごちゃごちゃになってしまうような、順序の狂った日本語だった。言葉と言葉が酔払いのように、散り散りによろめいていた。

「貴方方《あなたがた》、金キット持っていない。」

「そうだ。」

「貴方方、貧乏人。」

「そうだ。」

「だから、貴方方《あなたがた》、プロレタリア。——分る？」

「うん。」

ロシア人が笑いながら、その辺を歩き出した。時々立ち止って、彼等の方を見た。

「金持、貴方方をこれする。（首を締める恰好《かっこう》をする。）金持だんだん大きくなる。（腹のふくれる真似。）貴方方どうしても駄目、貧乏人になる。——分る？——日本の国、駄目。働く人、これ（顔をしかめて、病人のような恰好、）働かない人、これ。えへん、えへん。（偉張って歩いてみせる。）」

それ等が若い漁夫には面白かった。「そうだ、そうだ！」と云って、笑い出した。

「働く人、これ。働かない人、これ。(前のを繰り返して。) そんなの駄目。——働く人、これ。(今度は逆に、胸を張って偉張ってみせる。) 働かない人、これ。(年取った乞食《こじき》のような恰好。) これ良ろし。——分る？　ロシアの国、この国。働く人ばかり。働く人ばかり、これ。(偉張る。) ロシア、働かない人いない。ずるい人いない。人の首しめる人いない。——分る？　ロシアちっとも恐ろしくない国。みんな、みんなウソばかり云って歩く。」

彼等は漠然と、これが「恐ろしい」「赤化」というものではないだろうか、と考えた。が、それが「赤化」なら、馬鹿に「当り前」のことであるような気が一方していた。然し何よりグイ、グイと引きつけられて行った。

「分る、本当、分る！」

ロシア人同志《ども》が二、三人ガヤガヤ何かしゃべり出した。支那人はそれ等をきいていた。それから又吃りのように、日本の言葉を一つ、一つ拾いながら、話した。

「働かないで、お金儲《もう》ける人いる。プロレタリア、いつでも、これ。(首をしめられる恰好。) ——これ、駄目！　プロレタリア、貴方方、一人、二人、三人……百人、千人、五万人、十万人、みんな、みんな、これ (子供のお手々つないで、の真似をしてみせる。) 強くなる。大丈夫。（腕をたたいて、）負けない、誰にも。分る？」

「ん、ん！」

「働かない人、にげる。（一散に逃げる恰好。）大丈夫、本当。働く人、プロレタリア、偉張る。（堂々と歩いてみせる。）プロレタリア、一番偉い。――プロレタリア居ない。みんな、パン無い。みんな死ぬ。――分る？」

「ん、ん！」

「日本、まだ、まだ駄目。働く人、これ。（腰をかがめて縮こまってみせる。）働かない人、これ。（偉張って、相手をなぐり倒す恰好。）それ、みんな駄目！――働く人、これ。（形相凄《すご》く立ち上る、突ッかかって行く恰好。相手をなぐり倒し、フンづける真似。）働かない人、これ。（逃げる恰好。）――日本、働く人ばかり、いい国。――プロレタリアの国！――分る？」

「ん、ん、分る！」

ロシア人が奇声をあげて、ダンスの時のような足ぶみをした。

「日本、働く人、やる。（立ち上って、刃向う恰好。）うれしい。ロシア、みんな嬉《うれ》しい。バンザイ。――貴方方《あなたがた》、船へかえる。貴方方の船、働かない人、これ。（偉張る。）貴方方、プロレタリア、これ、やる！（拳闘《けんとう》のような真似——それからお手々つないでをやり、又突ッかかって行く恰好。）——大丈夫、勝つ！——分る？」

「分る！」知らないうちに興奮していた若い漁夫が、いきなり支那人の手を握った。

「やるよ、キットやるよ！」

船頭は、これが「赤化」だと思っていた。馬鹿に恐ろしいことをやらせるものだ。これで——この手で、露西亜《ロシア》が日本をマンマと騙《だま》すんだ、と思った。

ロシア人達は終ると、何か叫声をあげて、彼等の手を力一杯握った。抱きついて、硬い毛の頬をすりつけたりした。面喰《めんくら》った日本人は、首を後に硬直さして、どうしていいか分らなかった……。

皆は「糞壺」の入口に時々眼をやり、その話をもっともっとうながした。彼等は、それから見てきたロシア人のことを色々話した。そのどれもが、吸取紙に吸われるように、皆の心に入りこんだ。

「おい、もう止《よ》せよ」

船頭は、皆が変にムキにその話に引き入れられているのを見て、一生懸命しゃべっている若い漁夫の肩を突ッついた。〉（小林多喜二『蟹工船・党生活者』角川文庫、二〇〇八年、

四六〜五一頁）

「ソビエト・ロシアでは、働く人々が国家の主人だ！　それに対し、日本のプロレタリアートは悲惨な状況に置かれている。諸君は資本家に対して闘争せよ！」などと扇動するような家族が、一九二〇年代のカムチャトカにいるなどというのは、空想を通り越した妄想である。カムチャトカに住む普通の住民は、革命後の混乱で生きることに精一杯で、革命の輸出について考える余裕などなかった。『蟹工船』が公刊されたのは一九二九年であり、スターリンの大粛清が行われるよりも前の時代であるが、ソ連当局の反対派に対する過酷な弾圧に関する情報は、日本でも広く報じられていた。

小林多喜二はこのようなブルジョア・メディアのソ連情報は信じず、コミンテルン（共産主義インターナショナル）が日本共産党に流す、理想郷としてのソ連像を読者に紹介することに腐心した。ここにはリアリズムなどない。バーチャル（仮想）な信仰の対象としてのソ連が描かれているだけだ。

くわかる。

仮想小説『蟹工船』

『蟹工船』自体が仮想小説であると筆者は見ている。それは、同じプロレタリア文学で、海上での労働者の生活と闘争を描いた葉山嘉樹《よしき》の『海に生くる人々』と比較してみるとよくわかる。

葉山嘉樹はプロレタリア作家でマルクス主義者であったが、日本共産党とは一線を画した。また、満州開拓に協力したため、裏切り者と見なされた。そのため、戦後はほとんど忘れ去られてしまったが、戦前のプロレタリア文学において葉山嘉樹は、文学性において小林多喜二よりもはるかに強い影響を社会に与えた。『海に生くる人々』は一九二六年に改造社から上梓《じょうし》された。小林多喜二は、『海に生くる人々』のプロットを『蟹工船』（一九二九年公刊）において何カ所も翻案している。

例えば、沈没する他の蟹工船を、監督の浅川の指示によって見捨てる場面だ。

〈船長室に無電係が周章《あわ》ててかけ込んできた。

「船長、大変です。S、O、Sです！」

「S・O・S？――何船だ？」

「秩父《ちちぶ》丸です。本船と並んで進んでいたんです。」

「ボロ船だ、それア！」――浅川が雨合羽を着たまま、隅の方の椅子に大きく股を開いて、腰をかけていた。片方の靴の先だけを、小馬鹿にしたように、カタカタ動かしながら、笑った。「もっとも、どの船だって、ボロ船だがな。」

「一刻と云えないようです。」

「うん、それア大変だ。」

船長は、舵機《だき》室に上るために、急いで、身仕度もせずにドアーを開けようとした。然し、まだ開けないうちだった。いきなり、浅川が船長の右肩をつかんだ。

「余計な寄道せって、誰が命令したんだ。」

誰が命令した？「船長」ではないか。――が、突嗟《とっさ》のことで、船長は棒杭《ぼうぐい》より、もっとキョトンとした。然し、すぐ彼は自分の立場を取り戻した。

「船長としてだ。」

「船長としてだア――ア!?」船長の前に立ちはだかった監督が、尻上《しりあが》りの侮辱した調子で抑えつけた。「おい、一体これア誰の船だんだ。会社が傭船《チアタア》してるんだで、金を払って。ものを云えるのア会社代表の須田さんとこの俺だ。お前なんぞ、船長と云ってりゃ大きな顔してるが、糞場の紙位えの価値《ねうち》もねえんだど。分ってるか。――あんなものにかかわってみろ、一週間もフイになるんだ。冗談じゃない、一日でも遅れてみろ！　それに秩父丸には勿体《もったい》ない程の保険がつけてあるんだ。ボロ船だ、沈んだら、かえって得するんだ。」

給仕は「今」恐ろしい喧嘩《けんか》が！　と思った。それが、それだけで済む筈がない。だが(!)船長は咽喉《のど》へ綿でもつめられたように、立ちすくんでいるではないか。給仕はこんな場合の船長を且《か》つて一度だって見たことがなかった。船長の云ったことが通らない？　馬鹿、そんな事が！　だが、それが起っている。――給仕にはどうしても分らなかった。

「人情味なんか柄でもなく持ち出して、国と国との大相撲がとれるか！」唇を思いッ切りゆがめて唾《つば》をはいた。

無電室では受信機が時々小さい、青白い火花《スパアクル》を出して、しきりなしになっていた。とにかく経過を見るために、皆は無電室に行った。

「ね、こんなに打っているんです。――だんだん早くなりますね。」

係は自分の肩越しに覗《のぞ》き込んでいる船長や監督に説明した。――皆は色々な器械のスウイッチやボタンの上を、係の指先があち、こち器用にすべるのを、それに縫いつけられたように眼で追いながら、思わず肩と顎根《あごね》に力をこめて、じいとしていた。

船の動揺の度に、腫物《はれもの》のように壁に取付けてある電灯が、明るくなったり暗くなったりした。横腹に思いッ切り打ち当る波の音や、絶えずならしている不吉な警笛が、風の工合で遠くなったり、すぐ頭の上に近くなったり、鉄の扉を隔てて聞えていた。

ジイ――、ジイ――イと、長く尾を引いて、スパアクルが散った。と、そこで、ピタリと音がとまってしまった。それが、その瞬間、皆の胸へドキリときた。係は周章てて、スウイッチをひねったり、機械をせわしく動かしたりした。が、それッ切りだった。もう打って来ない。

係は身体をひねって、廻転椅子《かいてんいす》をぐるりとまわした。

「沈没です……。」

頭から受信器を外しながら、そして低い声で云った。「乗組員四百二十五人。最後なり。救助される見込なし。S・O・S、S・O・S、これが二、三度続いて、それで切れてしまいました。」

それを聞くと、船長は頸《くび》とカラアの間に手をつッこんで、息苦しそうに頭をゆすって、頸をのばすようにした。無意味な視線で、落着きなく四囲を見廻わしてから、ドアーの方へ身体を向けてしまった。そして、ネクタイの結び目あたりを抑えた。——その船長は見ていられなかった。〉(同書、二七〜三〇頁)

資本家の犬である浅川の非情さを読者に強く印象づける部分だ。〈秩父丸には勿体ない程の保険がつけてあるんだ。ボロ船だ、沈んだら、かえって得するんだ〉というのが僚船と四二五人の乗組員を見捨てる理由だ。

しかし、少し考えてみればわかるように、船が沈没して船主が儲《もう》かるような甘い条件を認める保険会社などない。人情味が一切なく、金儲けだけを考えるのが資本家で、その精神が人格として体現されているのが現場監督の浅川だという構成にしているために、このようにリアリズムから極端に離れた構成になるのだろう。

葉山嘉樹『海に生くる人々』を読む

『海に生くる人々』のリアリズム

『海に生くる人々』において、難破船の救助をあきらめる箇所を引用する。

〈舵手《だしゅ》の小倉は、船首を風位から変えないように、そのあらゆる努力を傾注していた。彼の目はコンパスと、船の行方《ゆくえ》とを、機械的に注視していた。

と、本船の前左舷《さげん》はるかな沖合に、一艘《そう》の汽船が見えた。「あ、汽船が！」と、小倉は無意識に叫んだ。

船長もチーフメートもだれもがブリッジの左舷へ集まって、望遠鏡のレンズを向けた。

この少し前から、ボートデッキで、サンパン（佐藤註：伝馬船《てんません》）の下にもぐり込んで仕事していた、水夫の波田芳夫《はだよしお》というのも、今小倉が見つけたのを見つけて、一人《ひとり》でサンパンの下からながめていたのであった。

ブリッジでは望遠鏡があるために、その汽船は救助信号を掲げて、難破漂流しつつあるものであることがわかった。

ブリッジからは、直ちにエンジンへ向けて、フルスピードを命令した。一つ救助に出かけようというのであった。

全乗組員は難破船が見えると、その救助に向かうことを直ちに知ってしまった。そして、全員はボートデッキへスタンバイした。

わが勇敢な、しかも自分も腹半分水を飲んだ半溺死人《できしにん》のような、万寿丸は、その臨月のからだで、目的の難破船に、わずかに船首を向けた。きわめて、それはわずかの程度であった。が、本船はグーッと傾いた。そして見る見るうちに、その舵《かじ》が向いてもいないにかかわらず、グングンその頭を振り初めた。そして、同時に物すごい怒濤《どとう》が、船首、船尾の全部をのもうとするように打ち上げて来た。

船長は、今いったばかりであったにもかかわらず、方位を元へ返した。本船はきわめて短い五分とかからぬ間《ま》に、ほとんどコースを半回転しようとしたのであった。

難破船のやや近くへ近づくことはできたが、本船はその船首を非常な努力の下《もと》に従前どおりの位置に返してしまった。

難破船を救うということは、本船を一緒に沈める計画になるというので、船首はもうその向きを換えなかった。けれども哀れな兄弟《きょうだい》たちの乗り込んでいる妹の難破船は、だんだんわれわれの視野に大きく明瞭《めいりょう》にはいるようになった。われわれは、今のコースをもって進むならば、四マイルぐらいのそばを通過するであろう。

波田《はだ》は、サンパンの下からはい出してなおも一生懸命に、煙突にもたれて、寒さと、つかみどころを同時に得ながら見入っていた。狂犬の口をおおう泡《あわ》のようなおそろしい波浪と、この夕暗《ゆうやみ》とに、あの船はのまれてしまうんだ。彼は自分が二度も沈没に際会した時の事を思い浮かべては、その難破船に射込むような目を投げていた。

その小さな五百トンぐらいの小蒸汽船は、北海道沿岸回りの船らしかった。今やその煙筒からは燃え残りの煙草《たばこ》ほどの煙も出ていなかった。汽罐《きかん》に浸水したのはもうずっと早いことだったろう。そのマストの下の方には、桟橋に流れかかったぼろ布のように帆布が、まといついていた。汽罐に浸水してから、どこかのカバーでもはずしてマストに縛りつけたものであろう。わずかにデッキの上でバタバタと、その切れっ端《ぱし》が洗濯《せんたく》したおしめのように振れていた。

それにしても船員は、ブリッジにも、マストにも、デッキにも、どこにも見えなかった。津軽海峡を越す時に命を捨てて、ボートででも本船を捨てたのであったのかもしれない、または、その各《おのおの》の室に凍えたからだを、動揺のままに、お互いに打《ぶ》っつけ合ったり、追っかけ合ったりして、楽しみのなかった生前の労働者の運命をのろい悲しんでいるのかもしれない。しかし、この暴化《しけ》はそれほど長く続いたわけでもなかった。本船出帆の前日がその最高潮であったのだからまだ二昼夜しかたっていない。船員は、あるいは、一室に集まって、別れのための最後の貧しい食事でもしているのかもしれない。

「ああ、おれは二度まで沈没船に乗っていた。一度は胴っ腹を乗り切られ、一度は衝突だった。が、どちらも瀬戸内海で、一度は春の末、一度は真夏であった。そして、そのどちらの時も救われた。けれども、北海道の冬の海ではとても助かりっこはあるまい。おれは、瀬戸内海で沈められた時に、海の中に飛び込みざま『助けてくれ』と怒鳴った悲鳴を今でも思い出せる。その叫びをあげる刹那《せつな》は全く、ありとあらゆる記憶、あらゆる感じ、それらのものが、一度に総勘定でもするように頭に浮かんで来た。そして、『十八ではまだ死ぬのに、二年早すぎる』と、おれは思った。何で二年早すぎたのか自分でもわからない。けれどもハッキリ自分は二年早すぎると思った。おお！　もし、あの船の人たちが、死んだとすれば、皆おれと同じ感じを、抱《いだ》いて死んだことだろう。死ぬのには、人間は何歳になっても二年早すぎるのだと、自分はこのごろ考えるようになったが、全く、どのくらい多くの人が二年ずつ早く死んで行くことだろう。それにしても、この船長は何という冷酷、残忍なやつだろう。わずか四マイルや五マイルより離れていないのに、その最後を見届けようともしないとは。自分の悦楽《えつらく》のためにはこの船長はおれたちの生命を、いつでも鱶《ふか》の前に投げてやるだろうに。おれは、その沈没船に代わってでも、また、この船員たちのためにも、船長とたたかう時が必ず来ると信ずる」と、波田は考えにふけった。

難破船はますます近づいた。日は暮れたけれども、まだ夕明りである。船は、今ならば、もっと難破船へ近づくことができるのであった。が、わが、勇敢な万寿丸は船員全体の希望にもかかわらず、船長の一言によって、冷ややかに姉妹の死を見捨てて去ることになった。そして、本船には、救助不能の信号が揚げられた。相手へ知らすためのでなく、乗組船員をごまかし、同時に海事日誌をごまかすための。

実際、この時暴化《しけ》はだんだん凪《な》いで来たのであった。船員は一時間前の勇敢なる船長の行動を不審に思うのであった。

そのかわいい小柄な船は四十五度以上五十度近く傾いて、今にもそのまま、沈み行きそうに見えた。そして人はどこにも見えなかった。甲板の上は見事に掃除《そうじ》されて、その掃除手の怒濤《どとう》は、わずかに甲板のすみに凍りついて残っているのみであった。マストのカンバス（帆布）は、ハッチの上部カバーであった。それは全くさびしい姿であった。火のない船であった。人のいない船であった。生命のない捨てられた世界であった。われわれは皆サロンデッキに並んで、浪と運命を共にするであろう、その船に別れを告げた。だれの心にも黒い、寒い寂寥《せきりょう》が虫食った。

これは、やがて、わが万寿丸の運命でもあった。われらが、船底に飢えと寒さとに倒れて漂流する時に、も少し大きな船がまた、われらの傍《かたわら》を通るであろう。われらは信号を掲げねばならぬことを知っているだろう。またわれらは、人間がその船室に凍えかけていることを、知らせる必要のあることを知っているであろう。それにもかかわらず、だれも甲板に出ないであろう。出られないのだ。途中でたおれてしまうのだ。

そして、ようやく、最後の一人《ひとり》がデッキへはい出た時には、今汽笛を鳴らして通った船は、浮かべる一大不夜城の壮観を見せて、三マイルも行き過ぎているであろう。

このようにして、わが万寿丸は汽笛を鳴らして通過した。その汽笛をかすかに聞いて、今立ち上がろうとして、その凍えたからだに最後の努力ともがきとを試みている兄弟が、その船の中にいないだろうか、そのたよりない捨てられた犬の子のように哀れな形をした船の中に。

鐘が鳴った。夕食である。水夫は水夫室に、火夫は火夫室に、各《おのおの》はいって行った。

難破船は、薄やみの中に、暴《あ》れ狂う怒濤《どとう》の中に、伝奇小説の中で語られた悲しき運命の船のごとくに、とり残された。

藤原は、船尾にランプをつり上げながら、残された船を見送って、堪《た》えられない寂しさと、憤《いか》りとに心を燃やした。

「あの船には、少なくとも二十人の乗組員はあっただろう。それが養っている、同じ数くらいの家族もあっただろう。あの中で二十人は凍死したか、ボートで溺《でき》死したか、どちらにしてもあの船の乗組員が助かるということは考えられないことだ。二十人はとうとう、その家族を残して、妻子はその主人に残されて逝《い》ってしまわれたんだ。そして、その船によって、最も重大な利害を感ずるはずの船主は、今その宅で雪見酒を飲んでいるのであろう。その二十人の不払い労働から、蓄《た》めて経営している会社の株のことを、電報がはいるとすぐに気にするだろう。遺族には、香典が二十円ずつぐらいは行くであろう。そして、船主は、二十人の人間のことよりも、その沈没するのが当然なほど腐朽し切った、ぼろ船の運命に対して、高利貸式の執拗《しつよう》さでくやしがってるだろう」

「人間が生きて行くためには、どうしても人間の生命を失わねば生きて行けないのか、人柱《ひとばしら》！　おれたちは皆人柱なんだ！」〉（葉山嘉樹『海に生くる人々』岩波文庫、一九七一年、一五〜二〇頁）

『海に生くる人々』の場合、一旦《いったん》、万寿丸は救助のために五〇〇トンくらいの小型蒸気船に近づくが、海が時化《しけ》ているので、巻き込まれて沈没することを恐れ、船長は針路変更を命じる。しかし、船員たちは時化は収まってきているといって、船長の判断を批判している。葉山嘉樹自身が下級船員として、横浜・室蘭《むろらん》間の石炭運搬船で勤務していたときの経験をもとに書いているので、細部の描写にリアリティがある。例えば、〈本船には、救助不能の信号が揚げられた。相手へ知らすためのでなく、乗組船員をごまかし、同時に海事日誌をごまかすための〉と記されている。

『蟹工船』の博光丸であってでも海事日誌はつけなくてはならない。僚船を見捨てたことが記録に残れば船長も監督も責任を追及される。この辺の細かい問題に小林多喜二の目は行き届かない。小林多喜二はプロレタリアートではなく、エリート銀行員で、正義感から共産党に接近した知識人だ。小林多喜二は皮膚感覚としてプロレタリアートの実態を知らない。そのために『蟹工船』でも表現が過剰な部分と、海事日誌のように現実の世界では回避できない事項を回避してしまうという傾向がでてくる。

また、船が沈没した場合、会社が遺族に香典を二〇円払うとしている『海に生くる人々』の描写の方が、一銭もカネが支払われないという描写よりも、労働者の命の価格が、約一ヵ月の賃金程度に過ぎないという人間の命の値段をよりリアルに示している。

「暴力」の記述

もちろん『蟹工船』にもリアルな部分はある。特に冒頭のシーンが秀逸だ。

〈「おい、地獄さ行《え》ぐんだで!」

二人はデッキの手すりに寄りかかって、蝸牛《かたつむり》が背のびをしたように延びて、海を抱え込んでいる函館の街を見ていた。――漁夫は指元まで吸いつくした煙草を唾《つば》と一緒に捨てた。巻煙草はおどけたように、色々にひっくりかえって、高い船腹《サイド》をすれずれに落ちて行った。彼は身体一杯酒臭かった。〉(小林、前掲書、六頁)

また、食堂に書かれている標語と、その横の卑猥《ひわい》な落書きも蟹工船の劣悪な環境を表現するうえで効果的だ。

〈テーブルの側の壁には、

一、飯のことで文句を云うものは、偉い人間になれぬ。
一、一粒の米を大切にせよ。血と汗の賜物なり。
一、不自由と苦しさに耐えよ。

振仮名がついた下手な字で、ビラが貼らさっていた。下の余白には、共同便所の中にあるような猥褻《わいせつ》な落書がされていた。〉(同書、八八頁)

しかし、浅川の船員に対する残虐な取り扱いに対する描写が過剰で、かえってリアリズムから遠ざかってしまう。例えば、サボタージュする船員を浅川がリンチにかけて半殺しにしてしまう部分だ。

〈行衛の分らなかった雑夫が、二日前にボイラーの側から出てきた所をつかまった。二日隠れていたけれども、腹が減って、腹が減って、どうにも出来ず、出て来たのだった。捕んだのは中年過ぎの漁夫だった。若い漁夫がその漁夫をなぐりつけると云って、怒った。

「うるさい奴だ。煙草のみでもないのに、煙草の味が分るか。」バットを二個手に入れた漁夫はうまそうに飲んでいた。

雑夫は監督にシャツ一枚にされると、二つあるうちの一つの方の便所に押し込まれて、表から錠を下ろされた。初め、皆は便所へ行くのを嫌った。隣りで泣きわめく声が、とても聞いていられなかった。二日目にはその声がかすれて、ヒエ、ヒエしていた。そして、そのわめきが間を置くようになった。その日の終り頃に、仕事を終った漁夫が、気掛りで直ぐ便所のところへ行ったが、もうドアーを内側から叩《たた》きつける音もしていなかった。こっちから合図をしても、それが返って来なかった。――その遅く、睾隠《たまかく》しに片手をもたれかけて、便所紙の箱に頭を入れ、うつぶせに倒れていた宮口が、出されてきた。唇の色が青インキをつけたように、ハッキリ死んでいた。

朝は寒かった。明るくなってはいたが、まだ三時だった。かじかんだ手を懐につっこみながら、背を円るくして起き上ってきた。監督は雑夫や漁夫、水夫、火夫の室まで見《み》廻《まわ》って歩いて、風邪《かぜ》をひいているものも、病気のものも、かまわず引きずり出した。

風は無かったが、甲板で仕事をしていると、手と足の先きが擂粉木《すりこぎ》のように感覚が無くなった。雑夫長が大声で悪態をつきながら、十四、五人の雑夫を工場に追いこんでいた。彼の持っている竹の先には皮がついていた。それは工場で怠けているものを機械の枠越しに、向う側でもなぐりつけることが出来るように、造られていた。

「昨夜《ゆうべ》出されたきりで、ものも云えない宮口を今朝からどうしても働かさなけアならないって、さっき足で蹴《け》ってるんだよ。」

学生上りになじんでいる弱々しい身体の雑夫が、雑夫長の顔を見い、見いそのことを知らせた。「どうしても動かないんで、とうとうあきらめたらしいんだけど。」〉（同書、三五〜三六頁）

このような虐待をしても、労働者の労働効率が落ちるだけである。また、船の中で浅川のように威張りちらし、弱い者に対して不必要な暴力を加える輩《やから》は、元気がいい労働者数名によって、夜中に担がれて、船の後部から海に投げられて、オシマイになる。船の後部から海に投げ込まれるとかなりの確率でスクリューに巻き込まれて人間ミンチになる。仮にスクリューに巻き込まれなくとも、冬のオホーツク海に投げ出されれば、二〇分くらいで凍死する。浅川のような存在は、非現実的なのである。

これに対して、『海に生くる人々』では、愛人に会いに行くために深夜に伝馬船を下級船員に漕がせる公私混同をする船長や、怪我をした労働者の医療費を支払わない雇用者などはでてくるが、労働者にリンチを加えるようなサディスティックな権力者はでてこない。

「資本主義の力」と「死の無化」の記述

他方、事故死した者についての船員の回想が不気味だ。

〈波田は暗い顔をして、チエンロッカーへおりて行った。彼は全く、それへはいる時は地獄《じごく》へおりて行くような気がするのであった。

彼はチエンロッカーについて悲惨な物語を聞いていたが、それは、いつでも彼がチエンロッカーへはいる場合に、彼の記憶の中から、ムクムクと起き上がって来ては、彼を脅《おど》すのであった。

それは一九一〇年代の事であった。英領植民地のシンガポーアの、マレーストリートとバンダストリートとの二街に、赤色煉瓦《れんが》の三階建ての長屋が両側二町余にわたって続いていた。その長屋は全部日本人の娼婦《しょうふ》のいる家であった。そこは、わが国の大都会、たとえば、横浜とか神戸とかにおける遊郭よりも、数も多く、規模もはるかに大きかった。そのころは船員はゴロッキが多かった。それはほん者のゴロッキであって、陸を食いつめた博徒《ばくと》などが、船乗りになっていた。そして、船長などというのもいかがわしいのが多く、これらの船員と結託しては密航婦を、シンガポーアだとか、ホンコンだとか、またはアントワープだとかの遠方までも、大仕掛けで輸送したものだ。その運賃は高率であって、それに食費は向こう持ちであって、おまけに船員が航海中最も悩むところの性欲に対して、密航婦を積む以上、好都合なことはなかった。

密航婦はどんな状態でも、我慢しなければならなかった。哀れな彼女らは、フォーアピークの中で、窒息して死んでしまったほどにも、我慢しなければならなかった、彼女らはビール箱の中で五昼夜も、いいようのない状態で、半死のどたん場まで我慢しなければならなかった。

ことにチエンロッカーと彼女らとの関係は惨鼻《さんび》をきわめた。それは、密航婦を船長とボースン（佐藤註：水夫長）とが共謀で、チエンロッカーの中に隠したのであった。チエンロッカーは、出帆したが最後、入港までは用のないところなのだ、その暗室の鎖の上へ彼女らは、蓆《むしろ》を敷いて寝ていたのだ。彼女らはシンガポーアで上陸して、その遊郭に売られるのであった。水火夫らは毎夜、そのチェンロッカーの蓋《ふた》をあけてやった。彼女らは、運動に出された禁錮囚《きんこしゅう》のように喜んで、おもての船員たちの室へ来て出してもらった礼として、(以下十一字不明)。

彼女らにとっても、その航海はビール箱や、フォーアピークなどよりも、**であったに違いなかった。船員たちは浮かれ気味の航海を続け、彼女らは一日も早く、動揺しない大地を踏みたいとねがっていた。

ところが、ホンコン入港の時に、密航婦を、フォーアピークへ移しかえることを忘れなかった。ボースンは、何と考え違いしたものか、大切のシンガポーアで、有頂天になり過ぎていて、密航婦を、チェンロッカーから出すことを忘れてしまった。

そこで状態は、投錨《とうびょう》の際に一度に悪化した。鎖の各片、人肉の各片、骨の各片、蓆《むしろ》の破片ともつれつ、くんずして、チェンホールから、あるいは虚空《こくう》へ、あるいは鎖と共に海へ、十三人の密航婦を分解、粉砕して、はね飛ばしてしまった。船首甲板に立ち並んでいたボースン、大工はもちろん、水夫、チーフメーツらは肉醤《にくしょう》を頭から浴びた。

波田は、チェンロッカーが、そんな歴史を持っていることによって、その困難な労働をなお一層不快ないやな、堪《た》え難いものにした。それを思い出すと、彼は全くチェンロッカーにはいることが、何よりもいやであった。そして、はいって来る鎖の一片一片が、まるで、自分をねらって飛んででも来るように感じるのだった。〉（葉山、前掲書、一五七〜一五九頁）

社会的に弱い立場に置かれ、娼妓《しょうぎ》として外国に売られるために密航を余儀なくされた薄幸な女性たち。錨《いかり》を入れる部屋（チェーンロッカー）に一三名の女性が隠れて密航する。水夫長のちょっとした勘違いで、女性たちを部屋から出すことを忘れ、船は錨を下ろす。そして、〈鎖の各片、人肉の各片、骨の各片、蓆の破片ともつれつ、くんずして、チエンホールから、あるいは虚空へ、あるいは鎖と共に海へ、十三人の密航婦を分解、粉砕して、はね飛ばしてしまった〉のである。

社会的に弱い立場に置かれた女性を商品として売り渡す非合法ビジネスに関与する船員たち。この船員たちも社会的に虐《しいた》げられた労働者なのである。そして、労働者のうっかりした勘違いのために一三人の命が奪われる。しかし、それは「なかったこと」として、闇から闇に葬り去られてしまうのだ。むしろこの仕組みに筆者は資本主義の不気味さを感じる。

■ストライキの記述

『海に生くる人々』の労働者は、ストライキを組織するが、直接的暴力の行使は抑制する。

〈「第一、私たちは、肉体を売る資本家かもしれない！　だが、要するに、私たちは生きているんです。おまけにまだこの上も、生きて行きたいと思っているんだ。生きて行きたくなけや、こんな船になんぞだれが乗るもんか、畜生！」波田は、まだまだ言わなければならないことが、山のようにあった。あまり言うことが多くて、彼の言葉がスラスラと出なかったために、畜生！　で爆発してしまった。

「だれが畜生だ！　失敬な」船長は、夢中になって立ち上がった。

扉口《とぐち》の外からは、罵声《ばせい》と足踏みとが聞こえた。「燃やしちゃうぞ！」と聞こえた。

私はこの「燃やしちゃうぞ」と言う言葉の来歴を話したいが、ごらんの通り今はとても忙《せわ》しくて。

「そうではないか！」波田は立ち上がった。

「尊い人間の生命を等閑にしたのは、どいつだ！　ボーイ長でも、父と母とから生まれて、人間としての一切の条件を、貴様らとすこしも異なるところなく、具備しているんだ！　それだのに、どうだ！　ボーイ長が負傷してから、一度でも、貴様は、彼のことを考えたことがあったか、貴様に、人間の生命を軽蔑《けいべつ》することをだれが許したんだ！」

彼は夢中になってしまった。

「もし、貴様が、この上も、ボーイ長に対して、畜生の態度をとるなら、おれにも、覚悟がある！　貴様がボーイ長を見殺しにするなら、おれは……」とうとう波田は、その腰にさしていたシーナイフを引き抜いた。

「あぶないっ！」と皆が叫ぶ前に、彼は、それをテーブルの上に、背も通れと突きさした。

「おれは、畜生に対して、人間として振る舞われないんだ！」

一座は、死んだように静かになった。扉の外の連中は、目ばかりになって、息を殺して成り行きを見張っていた。

「貴様は、権利を持っている。この地上には、むやみに多くの権利が、他の権利を蹂躙《じゅうりん》することによって存在してる。だが、船長、いいか」彼はテーブルを、今度は拳骨《げんこつ》で食わせた。「人間を、軽蔑する権利は、だれもが許されていないんだ。また、他人の生命を否定するものは、その生命も、否定されるんだ！　わかったか」彼は、そこにそのま、すわることを忘れたようにつっ立っていた。彼はにらみ殺しでもしそうな目つきで船長を見据えていた。それは、まるで、燃える火の魂のように見えた。
　ストキは、波田の突き刺したナイフを静かにテーブルから抜き取った。そして、自分の席の前に置いた。
　船長は、ピストルを持って来なければならなかったが、そこを立つわけに行かなかった。彼は、初めて、彼が、ほとんど、歯牙《しが》にもかけなかった、低級な人間の中に、高級な彼をも威圧して射すくめてしまうだけの威厳を見た。それは、全く、何も持っていない、一人《ひとり》の労働者だ。地位も、金も、系累も、家も、それこそ何にもない、便所掃除の労働者の青二才じゃないか、だのに船長は椅子から立ち上がれなかった。〉（同書、二五四〜二五六頁）
『海に生くる人々』において、労働者が直接暴力を行使しないのは、暴力の行使に対して、資本家と一体になった国家から、その数倍の暴力が返されることを、葉山が知り抜いているからだ。もちろん、法律や理屈だけの交渉で、資本家は譲歩しない。労働者が団結して、資本家に恐怖感を与えなくてはならない。その程度の抵抗でも、国家権力から後で激しい報復を受ける。しかし労働者がこのような組織的異議申し立てを繰り返すうちに、資本家も面倒になって譲歩するようになる。

これに対して、『蟹工船』の労働者は、ストライキの際に監督をぶん殴る。

〈監督は片手にピストルを持ったまま、代表を迎えた。船長、雑夫長、工場代表……などが、今迄《まで》たしかに何か相談をしていたらしいことがハッキリ分るそのままの恰好《かっこう》で、迎えた。監督は落付いていた。

入ってゆくと、

「やったな。」とニヤニヤ笑った。

外では、三百人が重なり合って、大声をあげ、ドタ、ドタ足踏みをしていた。監督は「うるさい奴だ！」とひくい声で云った。が、それ等には気もかけない様子だった。代表が興奮して云うのを一通りきいてから、「要求条項」と、三百人の「誓約書」を形式的にチラチラ見ると、

「後悔しないか。」と、拍子抜けのするほど、ゆっくり云った。

「馬鹿野郎ッ！」と吃りがいきなり監督の鼻ッ面を殴りつけるように怒鳴った。

「そうか、いい。——後悔しないんだな。」

そう云って、それから一寸調子をかえた。「じゃ、聞け。いいか。明日の朝にならないうちに、色よい返事をしてやるから。」——だが、云うより早かった、芝浦が監督のピストルをタタキ落すと、拳骨《げんこつ》で頬をなぐりつけた。監督がハッと思って、顔を押えた瞬間、吃りがキノコのような円椅子で横なぐりに足をさらった。監督の身体はテーブルに引っかかって、他愛なく横倒れになった。その上に四本の足を空にして、テーブルがひっくりかえって行った。

「色よい返事だ？　この野郎、フザけるな！　生命にかけての問題だんだ！」

芝浦は巾《はば》の広い肩をけわしく動かした。水夫、火夫、学生が二人をとめた。船長室の窓が凄《すご》い音を立てて壊れた。その瞬間、「殺しちまい！」「打《ぶ》ッ殺せ！」「のせ！　のしちまえ！」外からの叫び声が急に大きくなって、ハッキリ聞えてきた。——何時の間にか、船長や雑夫長や工場代表が室の片隅の方へ、固まり合って棒杭《ぼうぐい》のようにつッ立っていた。顔の色がなかった。

ドアーを壊して、漁夫や、水、火夫が雪崩《なだ》れ込んできた。〉（小林、前掲書、一一三～一

二五頁）

読者サービスとしては、極悪非道の監督を殴るのは当然の成りゆきだ。しかし、リアリズムの観点からするならば、こんなことをすれば労働争議ではなく、暴行、傷害、状況によっては殺人未遂として、当局に介入の口実を与えることは目に見えている。また、『蟹工船』において、治安に海軍の駆逐艦がやってくることになっているが、労働争議に対する対応は、軍隊ではなく警察の仕事だ。『海に生くる人々』では、ストライキの首謀者は水上署に送られ、逮捕される。

◢〝認識する文学〟の闘争――〝解放と救済の文学〟の「手前」で

『蟹工船』は附記として、次の文言で結ばれている。

〈「組織」「闘争」――この初めて知った偉大な経験を荷《にな》って、漁夫、年若い雑夫等が、警察の門から色々な労働の層へ、それぞれ入り込んで行ったということ。

　――この一篇は、「殖民地に於ける資本主義侵入史」の一頁である。〉（同書、一三一～一三二頁）

　これに対して、『海に生くる人々』の結末は次の通りだ。


〈「あれが波田ってやつです。あんな乱暴なやつです！」船長が言った。

「何を！　べら棒め！　死にかけた人間を打っちゃらかしとくようなやつが、人のことがいえるかい。手前《てめえ》より乱暴なやつはねえんだぞ、圧搾器め！」波田は船長をも怒鳴りつけた。

「マ、せいぜいあばれて、警察で油をしぼられるがいいさ」船長は言った。

「おれの出て来るまで、手前は丈夫で生きているように、おれは祈ってらあ。途中で燃やされちゃわねえように気をつけな」

　だが、船長は、早速《さっそく》引っ込んでしまった。

　チーフメーツは、ボースン、小倉、宇野、西沢を連れて、二人の警官と共に海事局に行った。

彼らはそこで物の見事に首を馘《き》られた。

これが十二月三十一日だ。

藤原と波田とはランチで水上署へ行った。

正月の四日までは警察も休みだった。従って、藤原と波田は、留置所の中で正月を休むことができた。

彼らは正月の仕事初めから、司法で調べを受けた。そして治安警察法で検事局へ送られた。

検事は彼らを取り調べるために、彼らを監獄の未決監に拘禁した。

彼らには面会人も差し入れもなかった。あたかも彼らは禁錮《きんこ》刑囚のように、監房の板壁をながめた。

食事窓や、のぞき窓や、その他のすき間からは、剃刀《かみそり》の刃のような冷たい風がシュッシュッと吹き込んだ。

彼らは、そこで刑の決定されるのを待った。〉（葉山、前掲書、二七二～二七三頁）

『海に生くる人々』において、将来の救いについて明確な展望は何もない。ソ連が理想社会として描かれているわけでもなければ、共産党に希望を見出《みいだ》しているわけでもない。資本主義的な競争社会の中で、誰もが上に這《は》い上がることによって生き残ろうとする。

〈彼らは、自分たちが人間であることを知っていた。そして、人間らしからぬ生活に追いまくられていることを知っていた。そして、彼らはどうすれば、これらの不都合な生活から人間らしい生活へはいれるかを、絶えず考え、その機会をうかがっていた。そして彼らはその考えをまとめることも、機会を捕えることもできないで「小資本を貯《た》めるための、きわめて短い時間だけ、この危険な仕事によって金もうけをしよう」とした最初の考えは、そのまま彼らを怒濤《どとう》の上で老年にしてしまい、磨滅《まめつ》した心棒にしてしまうのであった。〉（同書、二九頁）

しかし、ここで一歩とどまって、そのような生き方でなく、労働者は労働者として、与えられた仕事をこなしながら、仲間をたいせつにして、労働者がお互いに助け合い、少しだけ勇気をだして闘うなら、個人の生活と社会状況を改善する道が開けるのだと、葉山嘉樹は読者に訴えるのではなく、語りかけているのだ。

『蟹工船』が、ソ連や共産党を信じることで労働者の解放をうたった救済の文学であるのに対し、『海に生くる人々』は、資本主義の現実を認識するための文学だ。ソ連や共産党など、いつわりの救済手段ではなく、資本主義が何であるか、その現実を見極めようとする葉山嘉樹のプロレタリア文学に光が当たるとき、日本の社会の内側から、変化が始まることになる。

第３章　控訴棄却

鈴木宗男疑惑の真の背景をなすのは、ソ連型社会主義体制の崩壊である。新自由主義下の日本で、鈴木氏の控訴棄却から見えてくる検察の欲望を読む。

鈴木宗男疑惑の本質

検察官僚の内在論理

二〇〇八年二月二六日、東京高等裁判所（池田修《おさむ》裁判長）は、鈴木宗男衆議院議員（六〇歳、新党大地代表）の控訴を棄却した。鈴木氏に対し、あっせん収賄など四つの罪状について、第一審の東京地方裁判所が懲役二年の実刑判決を言い渡していた。

鈴木氏は、無罪を主張しているので、即日、上告した。

予想された通りの結果である。テレビのサスペンスドラマでは、裁判官が「被告人は無罪」という判決を言い渡す場面がよくでてくるが、実際の裁判で、そのようなことはまずない。一審では起訴された事案の何と九九・九パーセントが有罪になるのである。高等裁判所では一審の無罪判決が覆される例が多いので、日本の裁判で被告人が無罪をかちとる確率は「らくだが針の穴を通る」のとだいたい同じくらいだと思う。

これは旧ソ連の有罪率よりも高い。正確な統計がないので断言はできないが、北朝鮮の裁判でも金正日《キムジョンイル》将軍様のお慈悲にすがれば、無罪になる確率は日本よりもずっと高いと思う。選挙でも投票率が九九パーセントを超える国家は、民主主義がまともに機能していない。有罪率九九・九パーセントという数字は驚異的だ。検察官は、「無罪を取られる」と言う。この表現に事態の本質がよく表れている。官僚仕事の職業的良心は出世である。九九・九パーセントの有罪率という状況で、無罪事案の担当になれば、まず、出世コースから外れる。検察官僚の職業的良心から、無罪などというのは、あってはならないことなのである。

元東京地方検察庁特別捜査部検察官の田中森一《もりかず》氏から筆者が聞いた話であるが、裁判官の人事評価で、「検察官控訴を受けないこと」という査定項目があるそうだ。検察官控訴の基準は、被告人が無罪になったときはもちろん、検察側求刑の二分の一以下の刑期でも、控訴するということだ。したがって、裁判所は、検察庁を刺激しないように細心の注意を払う。例えば、検察側が懲役四年を求刑しているが、それを減刑する場合、腹の中では、懲役二年にしようと思っていても、それでは検察官控訴を受ける可能性があるので、懲役二年六月の判決を言い渡すそうである。

ちなみに、筆者の実体験からいっても、刑事裁判の量刑などというのは、実にいい加減だ。読者にはご案内の通り、鈴木宗男疑惑の絡みで筆者も背任、偽計業務妨害で執行猶予付きではあるが、懲役二年六月の有罪判決を言い渡された（現在上告中）。閣僚経験者の鈴木氏が懲役二年で、執行猶予付きであるとはいえ、チンピラ小官僚の筆者が懲役二年六月というのは、どう考えても均衡を失している。鈴木氏に対して失礼だ。筆者が懲役二年六月ならば、その影響力からすれば鈴木氏は懲役二〇〇年くらいが妥当だと思う。もっとも国策捜査、政治裁判というものは、一種の「血祭り」なので、検察や裁判所の側にも量刑についてきちんとした理屈はないのだと思う。

日本に近代的司法制度が存在していると考えてはならない。霞が関にある東京地方裁判所や東京高等裁判所というのは「お白洲《しらす》」なのである。「お白洲」で奉行は裁判官と検察官を兼ねている。現下日本の司法でも裁判官と検察官は一体なのだ。判決理由は「お上にたてつくとは不届き至極」ということである。ただし、現代の「お白洲」には、大岡越前や遠山の金さんのような人情をもった判官はいない。機械的に犯罪者を認定していく司法官僚がいるだけだ。もっとも「はりつけ獄門」、「釜《かま》ゆで」、「のこぎり引き」のような刑罰がなくなっただけ、日本も文明化されているのである。

そして、そう、「お白洲」には弁護人はいない。筆者や鈴木氏の弁護人は、検察側ときちんと戦ったが、そうでない弁護士もたくさんいる。たいした報酬が期待できない刑事裁判に関しては、「早く呑《の》み込んでしまった方があなたのためだ」などと検察官と一緒になって説得してくる弁護士もいるという。筆者も、獄中で「あなたの弁護団は、戦う弁護団だからな。弁護士を代えるなら、いつでも相談に乗るよ。ベテランで検察庁ときちんと取り引きできる人を紹介する」と言われたが、筆者は、「是非、またの機会にする」と言って、ていねいにお断りした。

筆者は、鈴木宗男疑惑関連で逮捕された関係者であるので、この判決に関して客観的なコメントをすることはできない。しかし、鈴木氏が書いた『闇権力の執行人』（講談社＋α文庫、二〇〇七年）を読めば、鈴木氏の弁明には十分説得力があることがわかる。あっせん収賄で問題になっている「やまりん」という木材業者から受けた政治献金四〇〇万円（検察側の主張では五〇〇万円）について、鈴木氏は領収書を発行している。賄賂《わいろ》に対して領収書を発行するような間抜けはいない。

ソ連型社会主義体制の崩壊と田中角栄型「社民主義政策」の放棄

筆者は東京拘置所にプレハブで仮設されていた調室で、東京地方検察庁特別捜査部の取り調べ担当検事から国策捜査について告げられたときの模様を正確に記憶している。

〈「これは国策捜査なんだから。あなたが捕まった理由は簡単。あなたと鈴木宗男をつなげる事件を作るため。国策捜査は『時代のけじめ』をつけるために必要なんです。時代を転換するために、何か象徴的な事件を作り出して、それを断罪するのです」

「見事僕はそれに当たってしまったわけだ」

「そういうこと。運が悪かったとしかいえない」

「しかし、僕が悪運を引き寄せた面もある。今まで、普通に行われてきた、否《いな》、それよりも評価、奨励されてきた価値が、ある時点から逆転するわけか」

「そういうこと。評価の基準が変わるんだ。何かハードルが下がってくるんだ」

「僕からすると、事後法で裁かれている感じがする」

「しかし、法律はもともとある。その適用基準が変わってくるんだ。特に政治家に対する国策捜査は近年驚くほどハードルが下がってきているんだ。一昔前ならば、鈴木さんが貰《もら》った数百万円程度なんか誰も問題にしなかった。しかし、特捜の僕たちも驚くほどのスピードで、ハードルが下がっていくんだ。今や政治家に対しての適用基準の方が一般国民に対してよりも厳しくなっている。時代の変化としか言えない」〉（拙著『国家の罠——外務省のラスプーチンと呼ばれて』新潮文庫、二〇〇七年、三六六〜三六七頁）

事態の本質は、ここに尽きていると思う。よく誤解されるのであるが、筆者は「国策捜査がいけない」などということは一言も言っていない。なぜなら、筆者は「国策捜査がいけない」とは考えていないからだ。国策捜査は、善《よ》いとか悪いとかいう性質のものではなく、時代の転換期に必ず起こるのである。検察は、鈴木宗男という政治家を断罪することで「時代のけじめ」をつけようとしたのである。

その理由で、いちばん大きいのは、田中角栄型政治からの訣別《けつべつ》なのだと筆者は考える。

田中角栄型政治とは、日本の土壌での社会民主主義政策なのだと思う。力のある政治家が中央官庁から予算を獲得して、地方に利益誘導する。その結果として、公平配分が実現されるというものだ。しかし、これだと利権をめぐる「腐敗」が構造的に生じやすい。しかし、この腐敗は民主主義のコストとして認められていた。しかし、このような政治構造が時代と合致しなくなった。その第一の要因は、ソ連型社会主義体制が崩壊したことにある。

ソ連型社会主義体制が存続した時代は、日本においても社会主義革命の脅威が現実に存在した。企業が労働者からあまりひどい搾取をすると、貧困層に陥った労働者は社会主義革命を考える。革命が実現すれば、経営者は追放され、高級官僚も入れ替えになる。さらに皇統が断絶されるかもしれない。したがって、革命を阻止するために、日本国家が経済に介入し、労働者の待遇を改善するように常に影響力を行使していたのである。

しかし、ソ連崩壊後は、もはや社会主義革命について心配する必要が日本の国家にも経営者にもなくなった。先進資本主義国は、小さな政府、規制緩和により、強い経済主体を一層強くすることにより、結果として国力を増進しようとした。すべてを市場メカニズムに委《ゆだ》ねる新自由主義が世界的流行になった。小泉純一郎内閣が行った改革は、弱肉強食の新自由主義を日本に導入することだった。

新自由主義政策を導入すれば、地方が疲弊し、都市部でも格差が急速に拡大することは明白だった。しかし、ポピュリズムを権力基盤とする小泉内閣にとって、「日本経済を強化するために地方を切り捨てる」、「格差が拡大し、貧困層に転落する人々は、運が悪かったと思ってあきらめるんだ」とは言えない。そこで新自由主義政策への転換を正当化する物語が必要となった。この物語に鈴木氏はうまくはめこまれてしまったのである。

車の数よりも熊の数の方が多いところに高速道路を造ろうとしている。北方領土問題で利権あさりをしている。要は権力をカネに換えるために、ありとあらゆる不正を行っている政治家がいるという鈴木氏の印象が、田中眞紀子外相と対峙《たいじ》する過程で作られてしまった。この時期、国民は閉塞《へいそく》感を感じ、何かに対して苛立《いらだ》ち、怒っていた。しかも苛立ちや怒りの対象がよくわからなかった。そのような状況で、二〇〇二年一月、アフガニスタン復興支援東京会議へのNGO出席問題について、二つのNGOが招待されなかったのは鈴木氏の圧力によるものだという憶測が、急速に疑惑に転化していった。その真相については、拙著『国家の罠』に詳しく記したが、外務省が自らの判断で二つのNGOを参加させないという決定をし、鈴木氏はその了解を二〇〇二年一月一七日にモスクワで佐々江《ささえ》賢一郎外務省アジア大洋州局審議官（現外務審議官）から求められ、「それでいいよ」と答えただけのことだった。筆者は目撃証人である。しかし、その後、メディアスクラムが組まれ、鈴木氏は徹底的に追い込まれていくのである。

「欲望」する検察

マスコミに情報を流すのは誰か

当時、筆者もマスコミには激しく叩《たた》かれた。筆者は、日本の運転免許証をもっていないのに「鈴木宗男の運転手をしている」などという荒唐無稽《むけい》な話がほとんどだった。しかし、筆者は、マスコミに対する恨みは特にない。なぜなら、日本のマスコミは、自ら捏造《ねつぞう》記事を作るようなことはないからである。それは、日本のマスコミ関係者が「善人」だからではない。日本の報道文化では、捏造記事を作ると、企業ジャーナリストならば懲戒免職、フリーランスならば仕事が一切こなくなる。自らの生活基盤をなくすようなリスクを冒すマスコミ関係者はいない。

筆者や鈴木氏に関しておかしな情報が流れた事例については、ほぼ例外なく、端緒になる情報を流した者がいる。情報源になった者の圧倒的多数が外務官僚だ。官僚はメディアに対して嘘をつかないという建前になっている。それに公権力を背景に膨大な情報をもっている官僚がリークする情報をいちいち検証することはマスコミにとっては費用対効果がよくない。それよりも「税金で食っている官僚は嘘をつかない」というフィクションの上に乗っかって、リークされた情報に適宜、ふくらし粉やからし粉を入れてニュースにした方が、安価で、よく流通するニュース商品を作ることができる。それだけのことである。メディアスクラムのターゲットになった筆者や鈴木氏はちょっとだけ運が悪かったのである。

二〇〇二年と比較すれば、マスコミの報道も変わってきた。当時、鈴木氏と筆者に対して最も厳しかった『朝日新聞』が、二〇〇八年二月二六日の控訴棄却についてどう報じているか見てみよう。

〈鈴木議員、世論にらみ「国策捜査」批判

二六日の控訴審判決は「行政の公正に対する社会一般の信頼を著しく害している」と衆院議員・鈴木宗男被告（六〇）を厳しく非難し、「実刑」とした一審の判断を支持した。しかし、東京地検特捜部に逮捕されたころの疑惑報道に比べ、メディアへの登場の仕方も変わり、国政復帰も果たした。世論は鈴木議員を受け入れているのか、一時的な現象か。検察批判を続ける鈴木議員の問いかけは最高裁でも続く。

「公の立場の人が持ってきた話を聞き、協力するのは当然。私的に橋や道路を造れとは私は言ってない」。そう言い切る鈴木議員の元には地元の業界団体などが、次々と陳情に訪れる。〇五年の総選挙では、自身が代表を務める「新党大地」が四三万票を集めた。北海道では、次の総選挙でその「集票力」が鍵になるとみて、自民党、民主党とも協力を取りつけようと争い、「ムネオ詣で」はやむ気配がない。

国会議員が政府をただす質問主意書も一千通を超え、全議員の中で突出して多い。質問項目は、自身のホームページの「ムネオ日記」で紹介し続けている。

刑事被告人であることを忘れさせるような盛んな動きは、実刑判決が確定しながらも国政に復帰した中村喜四郎元建設相とは対照的だ。国会の議事録に復帰後の中村元建設相による言葉は見あたらない。一方、鈴木議員はバラエティー番組にも積極的に出演。今月には東京マラソンにも出場している。

鈴木議員は、自分を逮捕した検察に対して「国策捜査だ」と批判し続けている。鈴木議員への捜査の中で起訴され、有罪判決を受けた佐藤優・外務省元主任分析官＝上告中

＝が検察批判を重ねた「国家の罠」（新潮社）がベストセラーになり、検察に対する社会の見方も変わってきたと感じるという。

ある検察幹部は、旧住宅金融専門会社（住専）の不正融資をめぐる事件のように、国民が受けた大きな負担に対する責任追及としての事件を「国策捜査」と位置づけた上で、こう話す。「最近は『国策捜査』が世論の評価を得たかどうか、つまり大衆に受ける捜査の意味になっている」。一方で、別の幹部は「鈴木議員の行為は国策捜査かどうか以前の問題だ」。

ジャーナリストの大谷昭宏さんは昨年末に鈴木議員と討論番組で一緒になった。「政治家を捜査のターゲットにすることで国民の喝采を受けると考えた検察のポピュリズムに対し、鈴木議員は計算されたメディア露出がうまい。『ムネオをやっつけるのが本当の正義なのか』と問いかけ、世論を引きつけてきた」と分析する。その背景には「百万単位のわいろより、ガソリン税や年金。国民の懐を直撃する巨悪は本当は役人なのではないかという不満がある」と言う。〉（二〇〇八年二月二六日付 asahi.com）

両論併記という形になっているが、政治家の贈収賄事件で、このような両論併記がなされることは、きわめて稀《まれ》だ。

ここで興味深いのは、鈴木氏、筆者、大谷昭宏《おおたにあきひろ》氏の実名が出ているにもかかわらず、検察官僚については、「ある検察幹部」、「別の幹部」という匿名になっていることだ。こういう形で検察官僚は、自らの発言に対して属人的批判を受けることから免れているのである。公務員が職務に関する発言をする場合、原則としてそれは実名にすべきと思う。

◢国民を代弁＝代表するのは検察ではない

だがその問題は、とりあえず横に置いておき、内容について検討してみたい。

〈旧住宅金融専門会社（住専）の不正融資をめぐる事件のように、国民が受けた大きな負担に対する責任追及としての事件を「国策捜査」と位置づけ〉という部分が実に興味深い。国民が受けた大きな負担について、検察官僚が代弁するという代理の思想を検察官がもっていることだ。誰が検察官に国民を代弁する委託をしたのだろうか。あるいは、法律で、検察官が国民を代表すると定められているのだろうか。

国民を代表するのは、選挙によって選ばれた政治家ではないのだろうか。検察官は、社会で発生する犯罪を摘発するのが仕事ではないのか。〈国民が受けた大きな負担に対する責任追及としての事件を「国策捜査」と位置づけ〉ている検察官は、政治がだらしないから、検察が国民を代理する機能を果たすべきであると考えているのであろう。ここに大きな勘違いがある。国民の圧倒的大多数は社会に属している。社会の機能を代表するのは、社会から選出される政治家なのだ。いくら現在の政治がだらしないという印象があっても、社会の機能を官僚に委ねるべきではない。

国家はその本性からして暴力的存在だ。社会が国家に自らの権限を譲り渡すことは、国家の暴力を助長することになりかねないと筆者は危惧《きぐ》する。さらに、「国策捜査」を肯定的に検察官が語っていることも驚きだ。検察官に社会防衛的発想が出てきていることも危険だ。

ポピュリズムとインテリジェンスの本質的相克

また、別の検察幹部が述べた「鈴木議員の行為は国策捜査かどうか以前の問題だ」というのはどういう意味なのだろうか。筆者にはわからない。単純犯罪ならば、領収書を切っているカネでなぜあっせん収賄などという事件をまず摘発したのか。また、あっせん収賄、受託収賄ともに、贈賄側は時効にかかって処罰されないような事案だけを選び出したのか。

少しでも法律知識がある国民ならば「国策捜査かどうか以前の問題だ」という発言がまったく空虚だということがわかる。鈴木宗男氏に対する事案が国策捜査であることは間違いない。それならば、検察官僚は国策捜査の意義を語ればよいのだ。検察官僚自身が、この国策捜査には無理があると考えている。語れば論理が破綻《はたん》することを感じている。そこで、世論が鈴木事件の詳細を知らないのをよいことに、一般刑事事件に押し込もうとしている。自らの国策捜査の尻《しり》ぬぐいをできないほど検察は疲弊している。

この部分を読んで、獄中での検察官とのやりとりを思い出した。

〈「あなたたち（検察）が恣意《しい》的に適用基準を下げて事件を作り出しているのではないだろうか」

「そうじゃない。実のところ、僕たちは適用基準を決められない。時々の一般国民の基準で適用基準は決めなくてはならない。僕たちは、法律専門家であっても、感覚は一般国民の正義と同じで、その基準で事件に対処しなくてはならない。外務省の人たちと話していて感じるのは、外務省の人たちの基準が一般国民から乖離《かいり》しすぎているということだ。機密費で競走馬を買ったという事件もそうだし、鈴木さんとあなたの関係についても、一般国民の感覚からは大きくズレている。それを断罪するのが僕たちの仕事なんだ」

「一般国民の目線で判断するならば、それは結局、ワイドショーと週刊誌の論調で事件ができていくことになるよ」

「そういうことなのだと思う。それが今の日本の現実なんだよ」

「それじゃ外交はできない。ましてや日本のために特殊情報（佐藤註：インテリジェンス）を活用することなどできやしない」

「そういうことはできない国なんだよ。日本は。あなたはやりすぎたんだ。仕事のためにいつのまにか線を越えていた。仕事は与えられた条件の範囲でやればいいんだよ。成果が出なくても。自分や家族の生活をたいせつにすればいいんだよ。それが官僚なんだ。僕もあなたを反面教師としてやりすぎないようにしているんだ」〉（佐藤、前掲書、三六七〜三六八頁）

国家機関である検察が、ポピュリズムに埋もれ、世論から拍手喝采《かっさい》されることを望む。外交には、インテリジェンスをはじめとして、一般国民の常識と掛け離れた業務がある。

これも国家の業務だ。しかし、インテリジェンス業務に従事すると逮捕されるリスクがあるならば、誰もこんな仕事には従事しない。

検察が国家と社会の全体を支配しようという欲望にとりつかれているのである。その結果、日本の国家も社会も弱体化していくのである。

第4章　農本主義と生産の思想

新自由主義の浸透によって煮詰まり、暴力的になる日本国家。その閉塞状況を打破する鍵を、権藤成卿の農本主義と社稷の思想に探る。

思想としての「土」

「小さな政府」の帰結――暴力化する官僚文化

新自由主義の浸透とともに国家が煮詰まってきている。国家が煮詰まるという表現で、筆者は、国家機能のうち、暴力をともなう部分が拡大しているということを強調したい。前述の通り、新自由主義は、「小さな政府」を追求する。この場合、国家の社会福祉、教育、さらに経済に関与する部分をスリム化する。その結果、警察、軍事、外交、司法など、国家権力のうち、暴力の裏付けをもつ部分が拡大する。国家は抽象的な存在ではない。官僚によって運営されている「人間臭い」性質をもっている。官僚のうち、警察、軍事、外交、司法に従事する者の比重が高まるので、官僚文化が暴力的になる。

新自由主義は、何も新しい現象ではない。一九世紀半ばのイギリスに現れた純粋な資本主義の反復である。もっとも純粋な資本主義は、思考実験の世界にしか存在しない。イギリスにおける純粋な資本主義も近似的に現れたものに過ぎない。

マルクスは、純粋な資本主義の中で経済モデルを考えた。そして、資本家と労働者が、労働力という商品を、自由、平等な環境で交換することによって、資本主義社会が成り立つと考えた。

労働力の価値は、賃金で表される。一カ月の賃金の基本は、労働者が家を借り、食事をし、服を着て、ちょっとしたレジャーでリラックスして、来月働くエネルギーを蓄えるのに相当する商品（サービスを含む）の価格を合計したものである。

労働力という商品の特殊性は、価値を生産することである。資本家（経営者）は、労働者に支払う賃金以上に利潤を得る。そうでなくては、労働者を雇う意味がない。こうして資本家は、労働者を搾取しているのであるが、搾取自体は強制によってなされるのではなく、自由で平等な交換の結果、必然的に成り立つのである。

■マルクスとエコロジー

さて、労働者からの搾取によって得た剰余価値を、資本家がすべて自らのものとすることはできない。土地を所有している地主に対して、資本家は利潤の一部を地代として支払わなくてはならない。マルクスがどの程度、エコロジーに関する認識をもっていたかについては定かでないが、マルクスは資本によっても労働によっても土地を作ることはできないという認識をもっていたことは確実だ。しかもここでいう土地には、空気、水、豊饒力《ほうじょう》などを含んでいる。現代的にいえば自然と環境なのである。

筆者が外交官としてモスクワに勤務した頃、クレムリン（大統領府）高官や政府の高級官僚、さらに国会議員と付き合っていて「アレッ」と思ったことが何度もある。これらの超多忙な人々が、別荘《ダーチャ》に付属した家庭菜園で、ジャガイモやキュウリ、トマトを作っているのだ。ソ連時代、物不足が常態化していた頃ならばともかく、資本主義ロシアになり、こういった野菜は、スーパーマーケットや自由市場で購入できるようになったにもかかわらず、ジャガイモやキュウリを作ることに固執するのである。科学アカデミーの研究員やモスクワ国立大学の教授たちも、別荘での野菜作りに精を出していた。これも経済合理性とはつながらない話である。

ロシア人は、「われわれは土の民《ナロード》だ」という話をよくする。土をいじり、大地から収穫を得るという行為に従事することは、思想の問題だと思う。過去一〇年でロシアが知的、経済的に復興したのも、ロシア人に農本主義的な「生産の思想」があるからだ。

農本主義とは、農業に従事するための思想ということではない。農業に現れる自然制約性に関する意識をもち、かつ、交換ではなく生産に意義を見出《みいだ》す思想である。

「農本主義」を再考せよ

権藤成卿『君民共治論』――社稷国家とは何か

現下日本の閉塞《へいそく》状況を打破するためにも、日本型の農本主義とそれに基づく社稷《しゃしょく》国家論を甦《よみがえ》らせる必要があると筆者は考える。

社稷の「社」とは、土地の神を意味し、「稷」は穀物の神を意味する。稷とは、具体的に、米・麦・粟《あわ》・豆・黍《きび》または稗《ひえ》を指すことが多い。当時の主要食物である。古代中国において、土地と穀物が国家の基礎であると考えられたので、社と稷を祀《まつ》った。これが国家の基礎となった。同時に社稷は国家を意味するようになった。社稷とは、上から暴力によって押しつけられた支配者の国家ではなく、土地と結びついた祭祀《さいし》共同体を基礎にする下からの国家なのである。

社稷国家論について語る場合、権藤成卿《ごんどうせいきょう》（一八六八〜一九三七年）の思想が重要だ。権藤は尊皇の農本主義者で、一九三二年の血盟団事件、五・一五事件、一九三六年の二・二六事件を理論的に支えた右翼思想家の一人であるが、同時に無政府主義者からも尊敬された。戦後、『権藤成卿著作集』（全八巻）が黒色戦線社から刊行されている。

ここでは、権藤の『君民共治論』を手がかりに、同人の社稷国家論について検討してみよう。

まず、社稷国家論が農本主義に基づいていることは、以下の記述に端的に表れている。

〈而《しか》して此《こ》の開化朝《かいくわてう》の後《あと》を承《う》けさせられたる第《だい》十代《だい》の崇神天皇《すじんてんわう》が、謂《いは》ゆる肇国天皇《てうこくてんわう》と称《しよう》し奉《たてまつ》るのであるが此《こ》の肇国《てうこく》なる字面《じめん》に依《よ》り慎考《しんかう》するときは、橿原朝創開《かしはらてうさうかい》より十朝《てう》を経《へ》て、始《はじ》めて国《くに》の形体《けいたい》を具足《ぐそく》する迄《まで》に、其自然《そのしぜん》の天化《てんくわ》に進展《しんてん》したと云《い》ふことが、明《あき》かに観得《くわんとく》される。而《しか》も其時《そのとき》に於《おい》て、特《とく》に「農《のう》は天下《てんか》の大本《たいほん》なり」てふ神誥《しんかう》が発煥《はつくわん》され以《もつ》て皇祖皇宗《くわうそくわうそう》の神旨《しんし》を更《さら》に一層明確《そうめいかく》に昭宣《せうせん》させられ、社稷体統《しやしよくたいとう》、自然而治《しぜんじち》の典謨《てんぼ》を立《た》てさせられたるは、真《まこと》に我国体《わがこくたい》の神髄《しんずゐ》である。〉（権藤成卿『君民共治論』（『権藤成卿著作集』第三巻）、黒色戦線社、一九七六年、五頁）

国体とは、国家を成り立たせる基本原理のことである。権藤は、社稷という下からの共同体国家と、自然而治という民衆の自治こそが国体と考える。かかる民衆の自治をともなう共同体は、当然、複数ある。この複数の共同体を祭祀によって束ねるのが天皇の機能なのである。

『君民共治論』は、権藤が自説を積極的に展開する内容であるが、同書には「権藤学説批判への批判」と題された長大な付録（本文一三七頁に対し、付録一九五頁）がついている。この付録のうち、「信州に於ける座談会抄録」（一九三二年一〇月）に記された権藤と弟子たちのやりとりの中で、社稷国家論の輪郭が見えてくる。

〈某「先生のお書きになるものは殆んど発禁になりますが、今度も「改造」へ御発表になつたものは発表禁止になつた様ですね」

権藤「さうです。そこで私が居堪らず筆をとつて論ずれば、別に叱られる様なものは書かない所存ですが何故か発表禁止の厄に会ふと云ふ訳で、全く自分の思ふことを率直に皆さんにお伝へする事が出来ないのを甚だ遺憾に思つてをります。その為に私と云ふ人間は世間から色々に見られ、漢学者だとか皇典学者だとか、社会主義者だとか、ファッショだとか、最近は又、林癸未夫博士から無政府主義者にまでされて終ひましたが、併し夫等の主義学説に対しては私は何れも否定しようとは思ひません。学究の結果さう云ふ理論も出て来たのだと云ふ風に考へて一向毛嫌ひせず色々の書物も読んでをります。さうしたツマラヌことにこだはつてをるよりも、何より私は先づ我々同胞が今日の様な悲惨な状態にあるのを静観するに忍びないのです。此重大な問題に対して私の申上げることが幾分でも役に立つならば幸福だと思つてをります。昔から人はよく（今度の世には幸福に生れ変つて）などと云つてをりますが生れ変らなく共現在の儘、生れた儘で何とか幸福にして貰はねばなるまいぢやありませんか」

一同「さうです。さうです」〉（同書、一六五～一六六頁）

確かに権藤には、漢学者、皇典学者、社会主義者、ファシスト、無政府主義者のいずれの顔もある。権藤自身、そのことを否定しない。権藤の知への接近は実存的である。権藤にとっては、危機的状況にある日本と日本人を何としても救済することに第一義的関心がある。その役に立つならば、いかなる思想であっても受容するという気構えなのである。

基盤をなす農業、主体としての民衆

信州の農民の悲惨な現状に対する権藤の応答が興味深い。

〈某　「信州農民の現況は他地方の農民に較べてまだよい方だと先生は云はれましたが、それは今までの信州農民の生活が余りに豊かであり過ぎたと云ふ理由に依るのですか？」

権藤　「さうばかりではないのです。マア算盤の上では収入の多いのが、急激に資産が激落したので驚くんでせうが、基礎があつたので非常に楽だと思はれます。他県はこんな風ではありませんよ。それは兎に角として、私は信州に対しては二十年前から着目してゐたのです。結局日本の農民を指導する位置に立つ者は信州人だと云ふ目星をつけて屢々信州には来たのです。二十年前には朝鮮の宗君を連れて来たり、支那の丸い繭を飼はせて見たりしましたよ　私はその頃の長野県は養蚕々々で、所謂養蚕熱に浮かされてゐた状態を見て、一学徒としてこんなに登りつめると帰りの途を忘れて終ふぞ、と忠告したものです。すると権藤は太い奴だと大変評判が悪く、長野の商工会議所の書記長なんぞは大分私に当り散らしたものでした」
某　「かうした悲惨な実状がどうして政府には判らないのでせう、ボンクラにも程があると思ひます」
権藤　「そのボンクラな組織には一体誰がしたんでせう？　法律でも規則でも凡ゆる施設の一切合切は貴方がたの代表者が決定したもんぢやありませんか。政府が悪いとか、政党が悪いとかと云つてその罪をみんな人に塗りつけるのは良くない。此社会は結局自分のもの、民衆のものなのであるから民衆自身が考へて行かなければならないのです。私の思ふには民衆には必ず此難局を打開する力もあれば、気力もある。と云ふのは決して民衆は死んでゐないからである。生きてをれば生命を守らなければならない。社会を盛り立てなければならないからそこで完全に復活が出来るものと思ひます」〉（同書、一六六～一六七頁）

権藤は、長野県が農民の現金収入を増大させるために農業から養蚕に転換したことを批判する。それと同時に信州では農業の基礎が崩れていないので、世界恐慌と連鎖した日本の恐慌の悪影響も限定的であるという認識を示す。

同時に、政府がボンクラであると非難する弟子に対して、権藤は、〈そのボンクラな組織には一体誰がしたんでせう？　法律でも規則でも凡ゆる施設の一切合切は貴方がたの代表者が決定したもんぢやありませんか〉と切り返す。ここから、代議制において、「代表を送り出す者」と「代表する者」の利害関係は、基本的に一致しないという権藤の基本認識が明らかになる。それとともに、民衆に代表者に頼むという発想ではなく、民衆自身が主体として行動することを訴える。社会の強化を主張するのである。

〈某　「今の既成政党や支配階級の力では駄目ですね」

某　「それは勿論駄目ですよ」

権藤　「既成政党々々と云ふけれども現在謂ふ所の自治体の首脳者を初め一般の人達が矢張り既成政党を頼らずには何にも仕事が出来ないのぢやないですか？此の席には老若様々な方々がをられますが、若い者の単調に進む考は甚だ結構ですが、政党関係がないとやってゆけぬと云ふ様な事はありませんか？」
某「その通りです。地方の政党員などと云ふものは皆そんな関係です」
権藤「口でばかり既成政党を攻撃したところで、事実は既成政党にお願ひ申して仕事をしてゐるのだから改革などは思ひもよらないことです。そんなら既成政党に頼らなければよいだらうと云ふかも知れないが、それは今の様な組織では出来ないことだ」
某「政治改革を断行しなければ駄目ですね」
某「その政治改革がなか〳〵出来ないですよ。一方には食へないと云ふ問題が迫って来ますし……」
権藤「私は政民両派に友人を相当持つてをりますが、行き会つて見ると決してボンクラばかりではない様ですが、要するに思ひ切つてやれないのでせう。その思ひ切つてやれないと云ふことは即ち民衆を総括した大運動がやれないからではないでせうか。思ひ切つて物事が行へないと云ふのは色々な障害があるからでせう。私は此事に就いて革命とは申しませんが世の中が変化して進むつまり漸化と云ふことがなければ進歩はないと思つてゐます。老若男女共に公同意思を根抵とする団結を以て進まなければならないと思ひます」〉（同書、一六七～一六九頁）

権藤は、口先だけでの既成政党批判に与《くみ》しない。むしろ政党の背後で本格的な大衆運動を起こし、政治家を突き動かすことを考えている。しかも、その過程は、革命のような断絶をともなうものではなく、老若男女の公同意思を根底に据えた漸進的改革を説くのである。このような漸進的アプローチに対する批判に対する権藤の応答が興味深い。

〈某「そんなことでは手間が掛つて駄目ですね」
権藤「皆さんは四十年も五十年もかゝつて、から云ふ世の中にして終はれたのですからそれを又もとの住みよいものとするには相当の時間がかゝることも当然の話で、それは覚悟せねばなりますまい。直ぐにと焦るのはあんまり虫がよすぎる話ですね」〉（同書、一六九頁）

現下日本の為体《ていたらく》は四〇～五〇年もかかって生じたものであるから、それを糺《ただ》すには相当の時間がかかるという権藤の現状認識が、このような漸進主義をもたらすのである。革命で政治システムを変化させても、人間の思想が根底から変化しないならば、そのような革命は、指導者の交代に過ぎないという冷めた目で、権藤は革命を眺めている。

軍人＝官僚による革命という罠

それでは、非合法手段を用いた革命に対して権藤はどのような認識をもっているのであろうか。

〈某「政治改革と云ひ、経済改革と云ひ、その行き方には二つあると思ふのです。一つは合法的、一つは非合法的ですが、最近非合法の行き方にファッショと共産主義とがありますが、結局右の方の非合法手段か左の方の革命断行かと云ふことになるんではないでせうか？」

権藤「右の方のと云ふと！」

某「つまり皇室を中心にした錦旗革命？を指してゐるのです」

権藤「貴方の様な説を持つてゐる者は東京にも沢山ある様ですが、そんなら一寸お尋ねしますが何処にその運動の中心になる、真実頼みになる綺麗な精神、綺麗な塊りと云つたものがありますか？国民の生命を託すに足る頼もしいものが何処にあるでせう？」

某　「それは愛国主義です」

権藤「それは分つてゐますが、改革をするには中心勢力がなければなりますまい。今東京で盛んに云つてゐる様にその中心勢力に軍部がなると云ふことを考へて見ませう、果して軍人全体は綺麗でせうか？」

某　「少なくとも既成政党よりは……」

権藤「それは違ふ、軍人全体が既成政党より立派だとは断言出来ない。全部が全部乃木さんや東郷さんの様に立派な人だとは思へません。莫大もない恩給を貰つて老後を安楽に暮す様な、御用商人と結託する様な、新たな資本力と結び付く様な、そんなものを容易に信用出来ますか、今までだつて軍人は必ずしも立派なものだと証明されてはゐなかつた筈ですよ」

某　「シーメンス事件の様な幾多の実例がありますね」

権藤「政治を既成政党から軍人の手に帰したからと云つて立派な社会改革が出来ると は思はれないのです。それよりも矢つ張り同じ結果になるといふことを恐れるのです。ですからフアッショにも私は絶対反対をしてゐるのです。吾々国民の生命を托すべきものはフアッショではありません。それよりも他に立派な中心勢力があります。それは国民です。それは綺麗な頼みになるものであつて国民の総意によるものです。国民が一つ考へを直して直ちに実行しさへすれば何の面倒もなく改革が出来るのです。と云ふのは国民総立ちで自治的に結束することです。国民全体が既成政党や軍閥なぞとは関係なしに自治をしく事です。さうすれば立派に日本の改革が出来ると同時に、国民が潑剌と復活する事になるのです。是を除いて外には絶対に更生の方法はないと信じます」〉（同書、一六九～一七一頁）

本書が公刊されたのが、一九三二年一二月、五・一五事件の後だ。世論では軍人による世直しに対する期待感が高まっていた時期である。そのような時の趨勢《すうせい》から権藤は距離を置き、〈軍人全体が既成政党より立派だとは断言出来ない。全部が全部乃木さんや東郷さんの様に立派な人だとは思へません。莫大もない恩給を貰つて老後を安楽に暮す様な、御用商人と結託する様な、新たな資本力と結び付く様な、そんなものを容易に信用出来ますか〉と切って捨てる。職業軍人の本質が官僚であることを権藤は見抜いているのだ。

改革はあくまでも、国民主体でないとできないというのが権藤の確信なのである。

〈某　「自治的に結束するとはどう云ふことですか？」

権藤　「自治に結束すると云ふことは、先づ自分自身を整へること、それが村の、町の自治となるのです。つまり自制よりして自治、自治よりして自主となつてゆく訳ですね。その自主権は何処から始まるか、イヤ基礎をおくかと云ふに、第一、食糧の安全即ち最極点の死を防ぐと云ふことからです。勿論私の云ふ自治制とは現行の市町村制の様なものを指して云ふのぢやありません。あんなものは凡そ真の自治とは正反対のものです。常に上から下へではなく、下から上への組立てが大切です。さうして生活資料の安全を期した後、共存互済の社会の道を開拓すべきだと思ひます。何と云つても人間は生きると云ふ事、原始哲学とでも是を言ひませうか、兎に角生きると云ふ中心点をキチンと把握するところに人生一切の難問題の解決は可能だと信じます。例へば農民は喰ふものを十二分に用意して生きることを考へるのです。なんにしたところで、一人一石の米がなければ生きてはゆけないのですから、皆んなが此の米を作ることを先決問題とすべきなのです。さうして村内が結束して相互に救助し合ふと云ふ事になれば、救済もヘチマも入りません。食ふものがあるのですから兎に角損得勘定は抜きの、生きて丈はゆかれる。多少の不利はあつても食糧は人生最極の死を防ぐには足るのです」

某　「政党なぞに信頼してゐたんでは吾々国民はそのうちみんな飢ゑ死にさせられて終ひさうですね」
権藤　「政党ばかりが悪いんでも、汚ないのでもありません。官僚も何も彼もみんな汚ないのですよ。皆さんはどう思ひますか？」
一同　「お話の通り皆綺麗ではない様です」〉（同書、一七一〜一七三頁）

政党を忌避し、官僚に期待する傾向に、権藤は釘《くぎ》を刺している。住民が生産に力を傾注し、その生産物を住民の内部で分配することを促すのである。カール・ポラニーの「人間の経済」に基づくならば、商品経済への過度な依存から相互扶助による経済を回復せよということになる。

日本国家は、このように地域共同体の相互扶助を回復することから甦《よみがえ》るのである。そして、このような下からの共同体をまとめあげ、国家とする際の中心となるのが天皇なのであると権藤は言う。

〈権藤　「さうしますと何が一体綺麗だと云へるでせうか？」

一同　「皇室ですね」

権藤　「その皇室を戴いてゐるものは吾々国民であるが、国民と皇室との間を遮つてゐるものがありはしませんか、財閥と云ひ、政党と云ひ、官僚と云ひ、兎に角現在の国家組織では養ふ者と養はれる者との二つがあるのです。此の養はれる者が日増しに増加し支配力を振ふ様になるとそれだけ養ふ者の血は絞られるのですよ。皆さんは御自身そのどちらだとお思ひです？茲に私達は真剣に考へなければならないことがあると思ひます」

某　「成程、よく分りました。さうすると矢張り私は軍部の力を借りて強力政治を布くより外に途はないと思ひますが……」

権藤　「それとても、先刻も申した様に閥の字がつく以上余り清浄なものではありますまい。私は唯綺麗なものが欲しいのです。吾々人間は徒らなる強力者の命令や強制に服従しては堪りません。そんなことでは到底幸福な理想社会を建設することは不可能です。そんなことなら寧ろ何もしない方が宜敷い」〉（同書、一七三〜一七四頁）

天皇と国民の間を遮断する財閥や官僚の否定的役割を除去し、君民共治という日本の伝統を回復することが、真の改革なのである。

権藤が、当時、期待感が高かった軍による革命というシナリオに対して懐疑的であったことが重要だ。国家には、「養ふ者」と「養はれる者」がいる。職業軍人は、「養はれる者」だからだ。権藤は、〈此の養はれる者が日増しに増加し支配力を振ふ様になるとそれだけ養ふ者の血は絞られる〉ことを冷徹に認識していたので、軍人＝官僚による世直しという罠に陥ることがなかったのである。

第2部

沈みゆく国家

新自由主義と保守主義の相克

第5章　内閣自壊

安倍晋三、退陣。「美しい国」「戦後レジームからの脱却」を訴えた政権の自壊を、政治技法と思想の両面から読み解く。

安倍内閣「自壊」の内在的論理

内閣崩壊

二〇〇七年九月一二日に安倍《あべ》晋三《しんぞう》内閣総理大臣は、突如、辞意表明を行った。同月二三日の自民党総裁選挙で福田康夫《やすお》氏が総裁に選出され、国会の首班指名において、衆議院では福田康夫氏、参議院では民主党代表の小沢一郎氏が指名されたが、〈衆議院と参議院とが異なつた指名の議決をした場合に、法律の定めるところにより、両議院の協議会を開いても意見が一致しないとき、又は衆議院が指名の議決をした後、国会休会中の期間を除いて十日以内に、参議院が、指名の議決をしないときは、衆議院の議決を国会の議決とする。〉（憲法第六七条二項）に基づいて、同年九月二五日に福田氏が総理に就任した。

筆者は、安倍政権は自壊したと見ている。その理由を技法と思想の両面から考察してみたい。

官僚の文法

まず、技法について。安倍氏は、国家を実体として担っている官僚に敗れた。安倍氏は現行憲法を改正して、主観的には「日本国家中興の祖」になりたいと思っていたのであろうが、官僚の文法を摑《つか》むことができなかった。官僚は「美しい国」「戦後レジームからの脱却」といった観念論を嫌う。しかも、内閣府出身のノンキャリアの官僚井上義行《よしゆき》氏を、キャリアを含む全官僚を統括する政務担当総理秘書官に据えるという、霞が関の掟《おきて》破りの人事を行った。安倍氏は、このような露骨な形で現れた政治主導に対する霞が関官僚の反発とサボタージュを明らかに過小評価した。官僚を掌握せずに国家改革はできないのであるが、安倍チームは霞が関官僚の文法を完全に読み違えた。

これに対して、小泉政権は、官僚の文法を正確に理解していた。小泉氏の政務担当秘書官を務めた飯島勲《いさお》氏は、自著『小泉官邸秘録』（日本経済新聞社、二〇〇六年）の中で、官僚を押さえる方法は一つ、人事だ、それもトップの人事で、事務次官人事を官邸がどう押さえるかにかかっていると指摘しているが、その通りである。いまから振り返ってみると、安倍政権の終わりの始まりは、小池・守屋《もりや》戦争だと筆者は考える。二〇〇七年八月、当時の小池百合子《ゆりこ》防衛大臣が守屋武昌《たけまさ》防衛事務次官を勇退させ、後任に警察官僚を据えようとした。守屋氏はこれに大反発し、小池氏、守屋氏のいずれの陣営にも属さない者が後任の事務次官に就任した。この人事抗争で、閣僚も事務次官も統率できないことがはっきりして、霞が関官僚全体が官邸を軽く見始めた〔付記：守屋氏の強引さが、政治エリートに「この官僚は危険だ」という意識をもたせ、それが収賄による守屋氏の逮捕につながっていく。これも国策捜査である。ここでは問題点を指摘するにとどめる〕。

逆に、中国、韓国との外交が小泉時代と比較すれば飛躍的に改善したのは、たまたま安倍氏と昵懇《じっこん》の谷内《やち》正太郎《しょうたろう》氏が外務事務次官だったからだ。それ以外の分野では、官僚を十分に使いこなすことができなかった。

新自由主義と保守主義

次に思想について。権力基盤となった二つの思想の内部矛盾が露呈したことが政権が自壊した原因と思う。

小泉政権と安倍政権は共に基軸を新自由主義と保守主義に置いた。新自由主義とは、経済主体の自由な行動の障害となる要因を極力排除しようとする思想である。そして、自由競争の下で勝利した者がすべての成果を得るというのが「ゲームのルール」である。そこで敗れた者は、惨めな境遇を自己責任として甘受しなければならない。新自由主義は邪魔になるものをただ排除するだけの思想であるから、特段の知的構成力を必要としない。

これに対して、保守主義は、過去の歴史的出来事や伝統から、特定の要素を抽出して、再構成し、国民を統合する物語を作り出す。知的に高度な能力が求められる思想である。

小泉純一郎氏は、軸足を新自由主義の側に置いた。新自由主義的政策を遂行すると、富裕層と貧困層の間の格差、首都圏と地方の間の格差が拡大し、裨益《ひえき》しない層の不満が拡大する。このことによる支持率低下の危険性を小泉氏は、天才的直観によって、乗り切った。保守主義的なイメージ操作を行ったのである。例えば、靖国《やすくに》神社への総理参拝だ。総理に就任する以前に小泉氏が靖国神社に対して、特に強い想いをもっていたという話は聞こえてこない。おそらくは、旧経世会（平成研・津島派）の有力な支持母体である日本遺族会を総裁選挙で切り崩す必要から、総理靖国参拝を政治公約としたのであろう。これに対して、中国、韓国が猛反発した。ナショナリズムは「敵のイメージ」を強化することによって構築される。小泉氏は、中韓、特に中国を「敵」に設定することで、日本人のナショナリズムを刺激し、自己の権力基盤を強化した。しかし、ここで小泉氏が賢いのは、新自由主義的改革と正面衝突するようなシンボル操作を行わなかったことである。

新自由主義の時代になっても、国民国家体制が止揚されることはない。「競争で第一位の者が成果を総取りする」という新自由主義の「ゲームのルール」は最強国にとって有利に働く。東西冷戦後、アメリカが唯一の超大国で最強国であることは論を俟《ま》たない。小泉氏はアメリカとの軋轢《あつれき》を極力避ける形で保守主義を道具的に利用した。ナショナリズムを高揚させ、自己の権力基盤を強化するためならば、広島・長崎への原爆投下に対する謝罪要求、東京裁判の見直しなどを取り上げてもよかった。しかし、そうした場合、アメリカと正面衝突するので、新自由主義的な政策協調が難しくなる。もちろん、いわゆるA級戦犯を合祀《ごうし》する靖国神社に総理が参拝することは、突き詰めていけば、日米の歴史認識が対立する問題である。しかし、ここには一つの大きな防護壁があった。アメリカは政教分離を厳格に適用する。小泉氏が靖国神社参拝は「心の問題である」と信教の自由を表面に出したため、参拝批判がアメリカ人にはしにくくなったのである。また、当時も慰安婦問題が米下院外交委員会で審議されるなど火種になっていたが、小泉政権はそれに一切触れなかった。アメリカを刺激することを極力避けたのである。

小泉氏に比して、安倍氏は保守主義に軸足を置こうと本気で考えた。「戦後レジームからの脱却」を論理的に詰めていけば、アメリカと衝突することは必至なのに、その検討を怠った。「戦後レジーム」とは、憲法第九条と日米安全保障条約がパッケージになった平和主義であり、人権を不可侵とするアメリカ型民主主義によって成り立っているからだ。それに、社会福祉政策の充実を加えてもいい。小泉政権時代に社会的格差が広がり、年収一〇〇万円台の非正規雇用者やネットカフェ難民が構造的に出現したことに安倍政権が危機意識をもち、「再チャレンジ」を真剣に考えたことも間違いない。しかし、それを担保する理論を構築することができなかった。

保守主義は、合理性には限界があり、人間は偏見から逃れることができないと考えるので、理論構築はあまり得意でない。新自由主義を突き詰めていけば、規制緩和ではなく無規制、小さな政府ではなく無政府状態を志向するので、そもそも理論構築を必要としない。

格差を是正するためには、合理的な社会計画が必要とされるのであるが、このことを得意とする思想は社会民主主義である。戦後の自民党には、社会民主主義的潮流が、旧経世会を中心に根強く存在していたが、その伝統が小泉改革によって切られてしまった。安倍政権も本質的に「左翼嫌い」のために社会民主主義的要素を政策に取り入れようとしなかった。

新自由主義的な世界観では、アトム（原子）が基本となる。したがって、民族や国家に重要性を置かない。個人や個別企業が繁栄すればそれでよいということになる。最強国でない日本にとって、新自由主義は決して有利な処方箋《しょほうせん》ではない。安倍政権が自壊した原因は、新自由主義と保守主義を両立させることができると安易に考えたところにあると筆者は見ている。

新自由主義による日本国家・日本国民の簒奪

沖縄・拉致問題・貧困社会——国民統合の弱体化

結局、小泉、安倍両政権の六年半で、新自由主義が日本国家と日本国民を内側から蝕《むしば》んだ。二〇〇七年九月五日、村上正邦《まさくに》元労働大臣が主宰する「一滴の会」の勉強会で、筆者が講演し、「文部科学省が、沖縄の集団自決に関する教科書検定で、日本軍の関与に関する記述を緩めるよう要請した問題に関して、いま沖縄が保守を含めて激しく反発し、大変な状態になっている」と述べた。聴衆の反発を覚悟であえて述べたのであるが、筆者が想定したのとはまったく別の反響があった。

村上氏は、「どうして歴史の真実をねじ曲げようとするのか。一般の住民が手榴弾《しゅりゅうだん》を持つはずがないじゃないか。なぜ手榴弾を持たされたんだ。何かあったときには自決しろという意味だろう。手榴弾を渡したという事例さえあれば、その瞬間軍の強制性が証明される。なぜつまらない議論をするんだ」と述べた。正論と思う。

そして、この会にいつも出席している右翼の理論家は、「それは大変なことだ。沖縄県と沖縄県以外のところでの世論がこれほど違う、温度差が出ているというのは、国民統合という意識において沖縄が外部になっているのではないか。それは拉致問題が選挙においても世論においても重要な問題になっていないのと同根だ」と指摘した。この発言を契機に筆者には、これまで見えなかったものが見えてきた。

すなわち、日本人が一人ひとりバラバラにされてしまって、自分のことしか考えない。

つまりアトム（原子）的に分断されてしまったので、同胞についての想像力がものすごく狭い範囲にしか及ばない状態になっている。北朝鮮による拉致問題は右派の、沖縄問題は左派の専管事項といったステレオタイプがあるが、その両方に対して一般国民が関心をもたなくなっているのは、実は新自由主義を推し進めた必然的な結果なのである。新自由主義と親和的なアトム的世界観が浸透することで、日本の国民統合が内側から壊れかけている。ナショナリズムの観点から見ても、小泉、安倍両政権が進めた新自由主義的改革の結果、日本国家は明らかに弱くなっているのである。

作家の雨宮処凛氏によれば、三〇代で年収一〇〇万円のフリーターの夢が「年収三〇〇万円になって結婚し家庭を持つこと」というような状況になっている。もはや格差問題ではなく貧困問題だ。まさに一八四五年にエンゲルスが刊行した『イギリスにおける労働者階級の状態』に描かれた、プロレタリアートはその最底辺において家族の再生産すらできなくなるという状況が復元しているわけである。一六四年前にエンゲルスが書いたようなことが、いまの東京で反復されるようになった。新自由主義がもたらした地獄絵の一枚である。社会階級、階層という縦の構造の観点からも国家は弱っている。横の広がりにおいても、拉致問題、沖縄、それから北方領土や竹島問題は風化し、わが国はこの両政権の六年半の中でものすごく弱くなった、というのが客観的な事実なのだ。

自壊の軌跡

繰り返しになるが、新自由主義プラス保守主義という表象は、小泉、安倍の両氏が使った。ただ、軸足は明らかに違って、小泉氏は基本的に新自由主義、安倍氏は保守主義に足を移そうとして、路線の根本のところから股裂《またざ》きになった。新自由主義が導く「大きな物語」は、アトム的個体による単一の普遍世界が出現することだ。これに対して、保守主義が導く「大きな物語」は、文化を基礎に多元的世界が切磋琢磨《せっさたくま》することである。「小さな差異」が単一の普遍世界の中に併存するポスト・モダンの精神に慣れてしまった日本の政治エリートには、新自由主義と保守主義の路線の違いが「小さな差異」にしか見えず、「大きな物語」をめぐる闘争であることに気づかなかったのだ。

『朝日新聞』政治エディターの西村陽一氏が安倍氏の辞意表明直後の二〇〇七年九月一三日付朝刊に「国民の信問うべきだ」と題する署名記事を書いている。新聞論考の枠を超える洞察があるので、あえて全文を引用する。

〈求心力の衰えが著しいとはいえ、一国の最高権力者の引き際として、これほどうつろな、そして無責任な光景はない。「究極の放り投げ型」ともいうべき今回の退陣劇には、無理に無理を重ねてきた安倍政権の、そして、それをそっくり許容してきた自民党の病が凝縮している。

まず自民党は、参院選の歴史的な大敗後、政権が目指すべき方向の再定義作業も不十分なまま、安倍首相の続投をあっさり認めた。そして、首相官邸と自民党は逆転国会という未知の与野党関係、衆参両院関係に対応するための政治シフトを固めきれないまま時間を浪費した。最後に、首相自らが、成算を欠いたまま、海上自衛隊によるインド洋の給油継続に政治的な命運を賭けた。

参院選後だけでも、こうした危機管理の未熟さが大中小の同心円のように重なっていた。

それだけではない。衆院の巨大勢力という小泉郵政解散の遺産、前政権の構造改革路線の負債や「強い首相像」の呪縛を引き継いだ安倍氏は、政権の正統性と独自色をいかに打ち出すのか、という問いに絶えず揺さぶられてきた。参院選の惨敗で、指導力と正統性に疑問がつき、安倍イズムともいうべき独自色をも失った段階で、改造後の安倍政権は「暫定色」をぬぐいきれなくなり、失速の過程をたどった。

　後継者がだれであれ、「暫定色」はさらに強まる。海自の活動継続に対する小沢民主党の方針が変わらない以上、安倍首相の狙いとは裏腹に政治的な空白も尾を引くだろう。後継政権は早期に衆院を解散し、信を問うべきだ。与野党はそこで、新しい国会のあり方と政策路線を、競って国民の前に示してほしい。

　自民党に注文したい。参院選では、憲法改正など保守色の濃い政権の課題と、年金や地方格差などの身近な国民の課題とのずれが表面化した。格差対策を念頭に「与謝野・麻生政権」ともいわれる新体制は、あいまいな「アナウンスなき脱小泉路線」に踏み出そうとしていた。一方で、テロ対策という安保問題が、政治の焦点として浮上した。総裁選では、安倍政権が先送りしてきた内政・外交論争を戦わせるべきだ。

　民主党はこれで、一挙手一投足に対する国民の視線がいっそう厳しくなることを自覚した方がいい。総裁選における自民党内の論争と民主党の政策を磨く力が政権選択選挙の準備段階となる。

　イラク戦争の際に米国との団結を誇示した有志連合諸国では指導者や政権の交代が相次いだ。ハワード豪政権も支持率低迷に悩み、イラクの泥沼にあえぐ米共和党政権は民主党の挑戦を受ける。世界の政治経済構造の流動化も意識しつつ、漂流する日本の政治は転機を見いださなければならない。〉（二〇〇七年九月一三日付『朝日新聞』朝刊）

〈格差対策を念頭に「与謝野・麻生政権」ともいわれる新体制は、あいまいな「アナウンスなき脱小泉路線」に踏み出そうとしていた〉という指摘は、安倍氏に近い荒井広幸《ひろゆき》氏（参議院議員）の証言によっても裏づけられる。

〈官房長官に与謝野さんを選んだのは大きいんですよ。与謝野さんは、小泉前総理が郵政民営化担当相などとして重用した竹中平蔵氏に非常に批判的でした。私も大賛成。〝弱肉強食〟の竹中路線を批判されてきた方を内閣の要、自分の女房役の官房長官に据えた。ここに、歯切れが悪いながらも、安倍総理の方向転換と寛容さが見えたんです。

安倍総理は、小泉さんのおかげでチャンスをもらい、幹事長、官房長官を歴任し、総理の座をつかむことができたわけですから、小泉さんに感謝している。義理・人情に厚い人なのでそれがあだになり、小泉構造改革路線への遠慮となって、どうしても吹っ切れないものがあったはずなんです。

これはマスコミのすり替えでもあるんだけど、もともと、格差社会など現在のいびつな歪みを招いた製造責任は小泉さんにあるんですよ。安倍総理は小泉改革の負の遺産を一身に背負わされてきたんです。だけど、総理は先刻も言ったように、小泉さんへの恩義でそれを言い切れなかったのも確かです。自民大敗でそれがようやく与謝野さんらを閣内にちりばめ、政策変更のメッセージを出せたわけです。この路線変更は参院選敗北後にも、改造後の記者会見でも、「格差、地方の問題、改革の影の部分に光を当てる」と明確に言いましたからね。ある意味で、小泉・竹中路線に対する訣別に近いといえるんじゃないかな。〉（荒井広幸「盟友が見た『安倍晋三の一年』」『新潮45』二〇〇七年一〇月号、二〇六頁）

ファッショの危機

福田政権と「無理論なるファシズム」の親和性

新自由主義を基軸とする小泉氏、保守主義を基軸とする安倍氏の両名が去った後の、まさに空虚な空間に福田康夫氏が出てきた。ここで私は、「ファシズムの強みは無理論なことだ」という宇野弘蔵の言葉が頭から去っていかない。福田氏は、対中国外交もハト派だ、ハンセン氏病患者の問題に関しては患者側の立場に立っていた、国民にやさしい人なのではないか、という印象がある。ここに権力基盤を強化する資源があると、権力者だったら誰でも考える。今後、しばらくは権力の中枢から社会民主主義的な政策が断片的に出てくるかもしれない。つまり、保守主義的なシンボル操作と同時に社会民主主義的なシンボル操作が出てくるのであるが、社会民主主義のような合理性に基づいた構築はない。

そうするとイタリア社会党左派からファシズムが出てきたように、恐い政治が到来する危険性がある。その危険は、福田氏が強いが故にではなく、むしろ弱いが故に出現する。関数体、集合体としての権力はあり、権力にとどまりたい政治家や官僚がいるという状況で、イメージ操作だけで個別の局面を乗り切ろうとした場合、どうなるか。初動の段階では、それこそ「再チャレンジ」とか「格差是正」に資する断片的措置がとられる。あるいは周辺諸国と軋轢《あつれき》を起こさないために、靖国神社参拝問題については中国の要求を丸呑みするかもしれない。それは実は外交を一休みして、国内体制を固めるという意味合いをもつ。

〔付記：結局、福田氏は、日本国家をまとめあげるという強靭《きょうじん》な意志をもたず、二〇〇八年九月に総辞職した。総辞職の理由も、福田政権では総選挙の勝利がおぼつかないという党利党略に基づくものだった。福田氏の政治家としての野望の欠如によってファシズムへの道が回避されたことを筆者は喜んでいる。」

「歴史の理念」への「支払い」

逆説的であるが、安倍政権の最大の意義は、彼のやり方をもってすれば、ファッショ体制を構築することが可能だったにもかかわらず、その選択をせずに自壊の道をとったということである。安倍氏が、ポピュリズムに基づいて中国、北朝鮮に対する排外主義的言説を展開し、過去の戦争を全面的に美化することで国民を束ねようとすれば、それは可能だった。しかし、安倍氏はその選択をしなかった。それは安倍氏が、保守政治家としての首尾一貫性を重視したからと筆者は考える。

安倍政権で評価をしないといけないことは村山談話の継承だと思う。とりあえず内閣総理大臣として日本の国家の政治的な最高責任者が約束したことは継承する、という、ごく当たり前の保守主義者としての行動をとった。あれだけの支持率を初動のところで持っていたのだから、安倍氏には違う選択の道もあった。しかしそれをしなかったということは、安倍氏自身にポピュリズムに依拠しない、大衆的熱狂に依拠してはいかんという発想が主観的にはあったからと思う。

歴史認識をめぐって自らがもつ先入観（偏見）からなかなか離れられないということでも、民衆の熱狂を嫌うというところでも、安倍氏は体質的に、エドマンド・バークが言うような保守主義者だった。フランス革命がイギリスの国家体制を崩壊させるという危機意識をもったバークは、『フランス革命についての省察』（原書：一七九〇年／邦訳：中野好之訳、岩波文庫、上下、二〇〇〇年）を刊行し、政治における伝統や偏見の重要性を強調した。ところが安倍氏は、ポピュリズムの中で出てきた小泉政権の落とし子だった。新自由主義を母体として常に物事を動員して流動化していくということが権力基盤を強化する重要な道具であるという考え方から完全に離れることはできなかった。そしてそこから権力基盤を失うことになった。保守主義者でありながら、新自由主義的なアトム的個体を動員するという、保守主義を内側から壊す手法もとった。このひび割れは最初、小さな線に過ぎなかったのだが、あっという間に拡散し、権力が自壊したのである。

ここで筆者はヘーゲルの『歴史哲学講義』を思い出す。歴史というものは、実際は英雄たちがつくる。政治家たちがつくる。政争があるから、その中で敗れてみんなボロボロに傷ついていく。しかし歴史の理念は動いていく。ヘーゲルは、〈世界史上のできごとは、否定面と肯定面をあわせもつ。特殊なものは大抵は一般理念に太刀打ちできず、個人は一般理念のための犠牲者となる。理念は、存在税や変化税を支払うのに自分の財布から支払うのではなく、個人の情熱をもって支払いにあてるのです。〉(『歴史哲学講義　上』長谷川宏訳、岩波文庫、一九九四年、六三〜六四頁)と述べているが、このように二〇〇二年には鈴木宗男氏が支払いをし、次は安倍さんが支払いをした、それだけのことのように思えてならない。

最後に、筆者の具体的な提言を簡潔に述べる。福田政権は、選挙管理内閣に徹して、憲法改正をはじめとした大きな政策にかかわる問題に手を触れないことである。政局の小康状態を待って、総選挙を行い、そこで日本の今後の国家路線についてきちんと論じたうえで国民の審判を受けることだ。

〔付記：福田氏は、結局、総選挙を行わずに辞任した。本質において民意による洗礼の必要を福田氏は感じなかったのだ。小泉氏には改革、安倍氏には戦後レジームの転換という「夢」があった。福田氏は、民意の尊重、政治家としての夢、権力への執着心も持たなかったのである。大いなるニヒリズムを体現した類い希な宰相だった。〕

第6章　情報漏洩

金とインテリジェンス、そのゲームの掟とは？　最重要インテリジェンス機関の職員が非合法ヒュミント工作に陥った背景を探る。

国家とインテリジェンス

スパイ活動――水面下の敵対関係

国家は、単独で存在することができない。必ず他の国家の存在を必要とする。国家と国家の間には、協力関係と敵対関係の要素が必ずある。戦争で対峙《たいじ》することになれば、敵対関係が目に見えるようになるが、平時にはそのことが見えにくい。なぜなら、平時の国家間の経済・貿易関係、文化交流、人的往来などは、協力関係を基本とするからである。

ただし、平時でも、国家間の敵対関係が目に見えるときがある。それは、非合法インテリジェンス（諜報《ちょうほう》）活動（スパイ活動）が露見したときである。

二〇〇八年一月一七日、内閣官房は、内閣情報調査室（内調）の男性職員が駐日ロシア大使館員から現金約四〇〇万円を受領したとして、同職員を懲戒免職処分にした。

〈「ロシア側から四〇〇万円」内調職員を懲戒免職

内閣情報調査室の男性職員（五二）がロシア側に情報を渡していたとされる事件で、職員が数年間にわたり複数の在日ロシア大使館員から現金計約四〇〇万円を受け取ったと話していることがわかった。内閣官房は一七日、職員を懲戒免職処分にした。渡していた情報については「重大な秘密にあたるものではなかった」との見解を示した。

内調によると、職員は総務部門に所属していた〇七年一～一〇月、八回にわたってロシア大使館員と接触し、国内外の情勢に関する有識者会議の発言内容などについて自らまとめた文書などを提供。その際、飲食接待を受けたほか、現金計八二万円を受け取っていたことを確認した。これらの行為は国家公務員倫理法違反にあたり、懲戒処分の理由となるとした。

職員は九四年採用。国際部門所属だった九八年、外部の会合で当時のロシア大使館員と知り合い、飲食の接待を受けるようになった。その後、内閣情報集約センターに移ったころから現金提供を受け始めた。情報提供を始めたのは、内閣衛星情報センターに所属していた二年ほど前からで、ロシア側から特定の情報を要求されることもあったという。

職員はほぼ月に一回の割合でロシア大使館員と接触していたという。受け取った現金は一回数万〜一〇万円程度で、総額約四〇〇万円。競馬や飲食代などに使ったと説明しているという。

記者会見した内調の河辺有二総務部主幹は「カウンターインテリジェンス（防諜）の中心的役割を担うべき職員が外国政府機関職員から繰り返し金銭を収受していたことは極めて遺憾」と述べ、書類管理の見直しなどの再発防止策を検討すると表明した。職員が提供した情報に秘密指定されたものはなく、明らかな守秘義務違反は認められないと説明した。〉（二〇〇八年一月一八日付 asahi.com）

実に深刻な事案だ。日本人には自らのインテリジェンス能力を過小評価する傾向があるが、それは間違っているし、カウンター・インテリジェンスの観点からも、きわめて危険である。自らのインテリジェンス能力が弱いと考えていると、「外国がわれわれの情報を盗もうとするはずなどない」、「どうせわれわれの情報が盗《と》られても、たいしたことにはならない」という気の緩みが出てくるからである。

筆者が常に強調していることだが、ある国家のインテリジェンス能力が、その国家の国力から大きく乖離《かいり》することはない。現代では、国力において経済力が非常に大きな位置を占める。若干、翳《かげ》りが見えるとはいえ、GDP（国内総生産）が世界第二位（二〇〇七年統計）の経済力をもった日本国家全体としてのインテリジェンス能力を軽視してはならない。

◢日本国家のインテリジェンス

ここであえて、「日本国家全体」と表現したのは、日本特有のインテリジェンスの事情があるからだ。通常、インテリジェンス活動は国家によって統括されているが、日本ではそれがなされていないのである。

古くは戦国時代の忍者、最近では、太平洋戦争中の陸軍中野学校卒業生の活躍で明らかな通り、日本人はインテリジェンス能力に秀でた民族である。当然、アメリカはそのことに危機意識をもった。そして、戦後の日本が復興する過程でも、独自のインテリジェンス機関が育たないような仕掛けをした。

しかし、国家が生き残っていくためには、インテリジェンスが不可欠である。そのため、国際スタンダードでは、独立したインテリジェンス機関が行う作業を、外務省、警察庁、公安調査庁、検察庁、国税庁、経済産業省、防衛省、海上保安庁などの政府機関が分散して行っている。その内容が一元的に集約も管理もされておらず、したがって、政府によって戦略的に活用するにも至っていない。

さらに、政府機関以外でも、マスメディア、大学、シンクタンク、ロビイスト団体など、民間に重要なインテリジェンス（情報）があるのだ。

民間のロビイストの具体例をあげよう。陸軍中野学校出身の末次始《すえつぐはじめ》氏（故人）は、戦後、BC級戦犯による追及を逃れるために、宮崎一郎という変名で、新橋のガード下で靴磨きをしながら、青年運動を立ち上げた。そして、巣鴨《すがも》の東京プリズンに収容されている戦犯容疑者たちの救援運動を行い、岸信介《きしのぶすけ》氏らとの面識をつける。日本が独立を回復し、もはや戦犯の追及がなされなくなった時点で、末次氏は変名を捨てて、元の名字に戻ったが、変名の「宮崎一郎」も第二の人格を形成していたので、名前は「始」に戻さず、「一郎」のままにした。末次一郎の誕生である。

ちなみに宮崎一郎というのは、実在した人物の名前であった。陸軍中野学校卒業生で、工作活動に従事する人々は、身寄りがなく、偽装が露見する可能性が低い別の人物になりすましたのである。末次氏の場合、空襲で死亡した、近い親族がいない宮崎一郎という実在した人物になりすましたのだが、このような偽装が陸軍中野学校の「卒業試験」だったのである。

末次氏は、沖縄返還運動で、有識者を集めた沖縄基地問題研究会を組織し、日米間の有識者対話を行い、沖縄返還の土壌づくりに貢献した。沖縄返還が実現した後、沖縄基地問題研究会は、安全保障問題研究会と改称し、北方領土返還運動に取り組むようになった。末次氏は、政官要人の信頼を得て、北方領土交渉に関して、外務官僚、外務大臣、内閣総理大臣に対して、さまざまな助言を行うようになった。外務省からは助成金が出た。状況によって、内閣官房報償費（機密費）からも安全保障問題研究会に対して資金援助が行われた。

政府機関から、たとえその一部であってもカネが出て、当該団体が政府に助言や情報提供を行っていれば、民間の体裁をとっていても、国際スタンダードではインテリジェンス機関である。日本では、このように民間機関でありながら、実態としてはインテリジェンスに関与している組織がいくつもある。

最重要インテリジェンス機関「内閣情報調査室」

内調が公開情報に大きく依存していることは確かだ。それは、公開情報の中に日本政府の中枢にとって重要な情報があるからで、公開情報が主体であるからといって、内調のもっている情報の水準が低いということにはならない。むしろ情報のプロの目から見ると逆である。一回、内調というフィルターを通って生き残った公開情報は、他の公開情報と異なる「日本政府中枢が関心をもった特別の公開情報」ということになる。インテリジェンスの世界では、このような評価がなされた情報は既に秘密情報である。

国際スタンダードでは、内調は日本の最重要インテリジェンス機関である。それは、内調が、内閣総理大臣にブリーフ（説明）をすることを主任務とする機関で、日本の国家意思形成を情報面で支える機関だからである。内調に勤務する職員は本格的な防諜の訓練を受けていると想定されている。事実、内調はそのような訓練を行っているはずだ。なぜこのような事案が発生したのか、筆者は理解に苦しむ。

外交活動やインテリジェンス活動において、情報収集はきわめて重要だ。情報収集活動においても、尊重しなくてはならない「ゲームのルール」がある。今回は、ロシア側がこの「ゲームのルール」を破った。東西冷戦期において、日本とソ連は敵対する陣営に所属していたので、そこでは相当激しいインテリジェンス戦争が繰り広げられていた。その前提で、日本外務省でロシア語の研修を命じられた外交官も、いきなりモスクワに留学することを避け、アメリカかイギリスの陸軍語学学校でロシア語の基礎を勉強した。軍学校の授業や情報将校との交遊を通じ、KGB、GRU（ロシア軍参謀本部諜報総局）のインテリジェンス工作の恐ろしさについて叩《たた》き込まれた。筆者も、イギリス留学組である。しかし、冷戦後は事情が変わった。日本とロシアは、基本的価値観を共有しているのだから、相互に破壊活動は行わず、協力できる部分を重視するという新しい「ゲームのルール」ができていたはずだ。

それから、インテリジェンス機関の常識であるが、外国人、特に外国政府職員との接触は、原則として禁止される。もちろん、一部の内調職員は、在京の外国大使館員と定期的に接触している。ただし内調職員が駐日大使館員と接触する場合は、当然、職務に関連した事項で、上司の許可を得て行う。接触した後は上司に報告し、必要な事項があれば記録を作成する。これならば、業界用語でいうところのコリント（コレクティブ・インテリジェンス、協力諜報）である。

インテリジェンス戦争

非合法ヒュミント工作

しかし、今回報じられた内調職員のロシア側との接触は、これと本質的に異なる。ロシア側は典型的な協力者獲得工作を行っていた。

外交の世界でもインテリジェンスの世界でも、よい情報を取る要素は二つに尽きる。

第一は、情報源がこちら側の知りたいと思う情報にアクセス（接近）することができる立場にいるかだ。

第二は、情報源がこちらに正確な情報を教えてくれるかだ。

内調の職員は、まず、第一の条件を満たしている。ロシア側は、内調の情報を必要としている。ロシアに限らず、アメリカ、イギリス、中国のインテリジェンス機関でも、内調の動向については強い関心をもっているはずだ。なぜなら、内調の関心を押さえれば、日本政府の中枢が何を意図しているかが推定しやすくなるからだ。

しかし、各国のインテリジェンス機関は、内調への非合法浸透工作（スパイ活動）というような冒険はしない。そのような工作が露見した場合、表で行っているコリントに対して与える打撃が大きいからである。

報道によれば、今回の工作を行ったのはGRUであるという。ロシアで対外インテリジェンスを担当するのはSVR（対外諜報庁）である。SVRは、長年の訓練を積み、コリントの重要性を理解した人物が外交官カバー（偽装）で活動するのが通常であり、今回のような費用対効果がよくない乱暴な工作は行わない。逆にSVRが浸透工作を行う場合には、政治問題になった際に、相手の政権中枢に打撃を与えるような幹部を標的とする。

SVRと比較した場合、GRUは要員の訓練期間も短く、担当も地域割りだけなので、例えば日米関係については、日本担当、アメリカ担当のGRU工作員が同じ事項を調整せずに行っているという。さらにGRUは、ロシア製兵器を販売する「死の商人」の機能も果たしているので、資金的にも潤沢だ。今回、ロシア側が内調職員に渡した現金は、過去数年の累計で四〇〇万円とのことであるが、工作上必要となれば、インテリジェンス機関の中堅工作員が、一人の情報提供者に年間三〇〇〇万円くらいのカネを渡しても不思議はない。インテリジェンスの世界の金銭感覚は、一般と異なるのである。

今回の事案は、ロシア側による非合法ヒュミント工作だ。ヒュミントとは、ヒューマン・インテリジェンス、すなわち人間による情報収集活動のことである。情報衛星、通信傍受などの電子的情報収集がいくら進んでも、ヒュミントの意義がすたれることはない。例えば、北朝鮮情勢を観察している衛星がテポドン・ミサイルに燃料注入器が接続されている映像を送ってきたとしても、実際に燃料が注入されているかどうかはわからない。北朝鮮が、陽動作戦として、注入をしたフリをすることがよくあるからだ。

通信傍受にしても、インテリジェンスのプロならば盗聴を前提に会話をするのが普通だから、傍受した内容を額面通りに受け容《い》れてはいけない場合がほとんどだ。例えば、「明後日、午前一〇時に帝国ホテルのロビーで会おう」という通信内容を傍受して、張り込んでも無駄になることが多い。その真実の意味が、「明日の、午後三時半に京都の都ホテルで接触しよう」ということだからだ。この場合、符牒《ふちよう》が重要になる。電話連絡では、「明後日と言ったら明日のこと、待ち合わせ時刻については、五時間三〇分を付加する。帝国ホテルと言った場合は、京都の都ホテルにする」というような符牒があらかじめなされているからだ。暗号解読に比べ符牒の解読は、内部に協力者をもたない限り、難しい。

これに対し、ヒュミントにおいて情報源との信頼関係が確立し、情報源がこちらの必要とする情報にアクセスできるならば、能動的に情報を取ることができる。一方、衛星情報や通信傍受は受動的なインテリジェンス活動であり、大量の情報を入手した後、それをこちら側が解析して、必要とする情報を見つけ出さなくてはならない。最も効率的なインテリジェンス活動は、ヒュミントで情報の端緒を得て、それを衛星情報や通信傍受で確認することだ。

協力者獲得工作

インテリジェンスの世界で、協力者を獲得するためには、定石がある。報道から判断すると、ロシア側はこの定石通りの工作を仕掛けていた。

まず、レセプションや勉強会など、偶然の機会を利用して面識をつける。最初から、情報を取ろうとがっつくことはしない。むしろ、二回目の接触についての約束をとりつけることに全力をあげる。当初は、ロシア側の方が、内調によるロシア大使館への浸透工作ではないかという警戒心をもっていたはずだ。しかし、この内調職員の脇があまりに甘かったのであろう。そこで、コリントではなく、協力者獲得工作に切り替えた。

まず、新聞記事に関する感想を求める。その謝礼に飲食費をロシア側が支払う。内調職員が奢《おご》られることに慣れてきたところで、「秘密情報はいりません。テレビ、新聞などの情報をもとに日本の国内情勢、外交政策に関するレポートを書いてください」などと依頼する。人間関係を崩したくないので、ロシア側の要求に応じると、原稿料とか謝礼とかの表現を避け、「車代です」とか「お子さんにお土産でも買ってあげてください」と言って数万円のカネを渡す。

そのうち内調が主催する民間人による研究会の内容についての報告を求める。この辺になると、インテリジェンスの世界の常識では、秘密情報だ。これを提供し、対価を内調職員が受け取るようになれば、これで協力者獲得工作の第一段階は終了である。

その後はこの内調職員が、ロシア側が必要とする情報にアクセスできるような地位に就くことをひたすら待つのである。仮にこの職員が停年まで要職に就かなかったとしても、ロシアにとって関心のある情報が獲得できる。例えば、内調組織内部の人事情報だ。ロシア語、中国語、朝鮮語ができる職員の名前や、誰と誰が仲がよい、逆に誰と誰は犬猿の仲である、内調内部で不倫があるなどという情報も、インテリジェンス機関は、ヒュミント工作の基本となるのでとても重視する。国家公務員法上は秘密に該当しないが、内調の内部にいる者しか取れないようなこのような情報はとても貴重なのである。

内調は、漏洩《ろうえい》した情報に国家公務員法でいう秘密に該当するものはないという説明に終始しているが、これは組織の自己防衛のための対外的説明に過ぎない。内調も今回の事態を相当深刻に受け止めていると思う。

東西冷戦以後のインテリジェンス体制を構築せよ

繰り返すが、内調は、総理大臣に直結している。たとえ、提供していた文書が公開情報であるとしても、内調がどのような事項に関心をもっているかということ自体が重要な国家秘密だ。さらに、「国内外の情勢に関する有識者会議の発言内容」というのは、内調が行っている学者、ジャーナリスト、官僚などを招いた研究会のことと思われる。例えば、内調には、外務省と昵懇《じっこん》の袴田茂樹《はかまだしげき》青山学院大学教授が正式メンバーであるロシア研究会という会合がある。筆者もそこに招かれて話をしたことがあるが、外交秘密に触れないぎりぎりのところで、相当踏み込んだ話をした。仮にこれら研究会の記録を情報公開法に基づいて要求しても、入手することは難しいと思う。ロシア側としては喉《のど》から手が出るほどほしい情報のはずだ。これらの情報がロシア側に漏れていなかったかについても徹底的に精査する必要がある。

それから、外務省は毅然《きぜん》と、ロシア政府に対して、今回の乱暴な情報工作に関与したロシア人外交官の国外退去を求めるべきだ。この外交官だけでなく、前任者として本件工作を担当した外交官に対しても、今後、日本の入国査証（ビザ）を拒否するという姿勢を明確にするべきである。

日本もロシアも時代の要請に合わせたインテリジェンス体制を構築する必要がある。米露間でも、このようなスパイ事案がときおり発覚するが、基本的に東西冷戦時代のような破壊工作は行っていない。それは前述の通り、そのような乱暴な工作を行うとインテリジェンス機関が正規に行っているコリントに悪影響が及ぶからだ。特に国際テロリズムとの闘い、大量破壊兵器の拡散防止において、コリントはますます重要になっている。

表面には情報があまり出ていないが、日露間のコリントもかなり進んでいる。SVR長官も何度か公式に訪日し、日本政府の要人と会見している。それにもかかわらず、東京のロシア大使館員が内調職員にカネを渡して情報を買うような工作を行うというのは、「仮にこの工作が露見しても、しばらく頭を低くして嵐が去るのを待っていれば、日本側はまた以前と同じようにロシア側に協力するだろう」とロシア政府が日本政府をなめているからである。

なめられる日本側にも問題がある。ヒュミントの世界では、少しでも多く相手に貸しをつくろうとする文化がある。そうすることによって、優位性を確保したいからだ。奢られたら奢り返し、贈り物をもらったら贈り返すというのがルールである。相手をこちら側の協力者に獲得しようとする工作ではないコリントの場合でも、会食の際の費用負担は交替である。情報の対価にカネを支払うなどということは絶対にない。

おそらく、内調職員はロシア大使館員との接触を新聞記者や学者との意見交換の延長線上で考えていたのだろう。ここに大きな落とし穴があった。また、カネに関して、あまりに無防備だった。カネが好きな人間はインテリジェンスに近づいてはならないというのは、この業界の掟《おきて》である。仕事をするのに必要かつ十分なカネをもっていない者は、インテリジェンスのプロと接触してはならない。この掟を無視すると、どれだけ危険なことが発生するのかをこの事案は教えている。

第7章　支持率二パーセントでも政権は維持できる

格差・貧困の拡大、政治への関心の低下、そして現政権野党への不信任……。支持率一桁でも維持されたロシア・エリツィン政権と福田政権の類似性とは？

求心力なき国家

弱き政権、さらに弱き対抗勢力

日本国家の中心が弱体化している。二〇〇八年四月、福田康夫政権の支持率が二〇パーセント台に低下した。『毎日新聞』の世論調査結果と、それに関する分析が興味深い。

〈内閣支持：六ポイント下落、二四％　不支持五七％——毎日新聞世論調査

◇「指導力疑問」増え
◇ガソリン、再可決反対六四％

毎日新聞は五、六両日、電話による全国世論調査を実施した。福田内閣の支持率は三月の前回調査比六ポイントダウンの二四％で、昨年九月の政権発足時以来最低を更新。前回初めて半数を超えた不支持率もさらに六ポイント増えて五七％となった。三月で期限が切れたガソリン税などの暫定税率を元に戻すため、租税特別措置法改正案を衆院で再可決する政府・与党の方針に対しては、反対が六四％で、賛成の三二％を大きく上回った。

福田康夫首相にとって非常に厳しい数字で、首相の政権運営が今後さらに困難になることが予想される。

内閣支持率は政権発足直後の五七％から昨年一二月に三三％まで下落、その後は横ばいが続いていた。不支持率は発足時の二五％から毎回増加しており、支持率と不支持率の数字が政権発足直後と今回でほぼ逆転した。

支持理由で目立ったのは「首相に安定感を感じるから」が前回比一四ポイントダウンの二三％になった点。暫定税率失効や日銀総裁人事などへの首相の対応が不安定に映っているようだ。不支持理由では、前回大幅に増えた「首相の指導力に期待できないから」がさらに五ポイントアップ、四五％になった。

暫定税率の期限切れは「歓迎している」が五三％で、「避けるべきだった」が四三％。与党との協議に応じなかった民主党の対応は「評価する」が二八％にとどまる半面、「評価しない」が六八％に上っており、民主党にも厳しい世論が浮かび上がった。

首相が道路特定財源を〇九年度から一般財源化する方針を示したことには「今年度からすべきだ」が四五％で最多。「評価する」は三〇％、「道路に限定したままの方がよい」は一九％だった。一〇年間五九兆円の道路整備中期計画を五年間に短縮し見直す方針には「内容が不十分」が七一％だった。【高山祐】

◇二〇・四〇代「福田離れ」

内閣支持率を年代別に見ると、二〇代と四〇代の「福田離れ」が顕著だ。二〇代、四〇代の支持率はともに昨年九月の五六％から一八％に下落。四〇代男性は五六％から一五％になり、ほぼ四分の一にまで落ち込んだ。

支持政党別では、自民支持層、公明支持層の支持はそれぞれ六一％、四七％で、いずれも政権発足後最低を更新。与党支持層にも離反が広がりつつあることがうかがえる。

「支持政党はない」と回答した無党派層の支持率も四六％から一二％に落ち込んだ。〉
（二〇〇八年四月七日付『毎日新聞』朝刊）

永田町（政界）観察で、支持率が二〇パーセント台になると危険水域であるというのが常識だ。しかし、問題は福田政権が危険水域に入ったという危機感が、与党である自民党、公明党の関係者を除いては、稀薄《きはく》なのである。

政治とは基本的に力学の世界である。いくら福田政権の支持率が低下しても、これに対する対抗勢力が現政権よりも弱ければ、現状が続く。

〔付記：事実、対抗勢力である民主党があまりに弱いから、二〇〇八年九月に福田康夫氏から麻生太郎氏への権力の禅譲を許してしまった。福田氏としては、これによって麻生新総理の支持率が向上し、その勢いで解散、総選挙に訴え、連立与党（自民党、公明党）による過半数議席の獲得を実現することで、「福田さんは引き際を心得ていた。他の人とは異なり頭がいい人だ」という印象を残したいと考えていたのだろう。もっとも総理の座を離れてしまえば、政界で影響力を保全することなどできない。福田氏もそのことを理解している。福田氏にとって重要だったのは、引き際の美学だったのだ。ニヒリズムと美学は矛盾しない。しかし、麻生氏の支持率は向上せず、二〇〇九年一月現在、総選挙は行われていない。もっとも、支持率が二〇パーセントを割り込んでも、総理の座に固執する麻生氏には、福田氏と異なり権力欲がある。権力欲があるということは、政治家として何かやりたいことがあるということなのだろう。この一点で、筆者は福田氏よりも麻生氏の方が「偉大な政治家」だと思う。もっとも、日本国民が必要とするのは「偉大な政治家」ではなく、総選挙による民意の洗礼を恐れない、民主主義国における「普通の政治家」だ。」

◢ロシアにおける新自由主義的改革

支持率が一桁《けた》になっても政権が維持された興味深い先例がロシアにある。

ソ連崩壊後の一九九二年、「ショック療法」という名の新自由主義的改革をロシアは行った。かなり強引な手法で、市場経済（資本主義経済）の導入を図ったのである。もっとも、ゴルバチョフ時代にも、五〇〇日間でソ連経済を市場経済化するという「五〇〇日計画」（シャターリン案）というものがあった。プランは書かれたが実施には至らなかった「シャターリン案」は、いまになって振り返ってみると、共産党の一党独裁制を残したまま、ソ連を資本主義国家にするという妄想だった。この案が実現すれば、ソ連は開発独裁国家に変貌《へんぼう》したであろう。

「ショック療法」の結果、同年のインフレ率は、公式統計で二五〇〇パーセントを超えた。市場経済は、同年一月七日の大統領令によって導入されたのであるが、それから一週間で、商店に「どこにこんなにモノが隠れていたのか」と思うほどの大量の商品が現れた。ソ連時代の名物であった「オーチェレジ（行列）」も一週間で姿を消した。

現在、二〇歳以下（一九九二年に四歳）のロシア人は、皮膚感覚として、行列が何であるかわからない。筆者は、一九八七年八月から一九九五年三月までモスクワの日本大使館に勤務していたので、行列を皮膚感覚で理解することができる。当時のモスクワ市民は、いつもポケットや鞄《かばん》に袋を入れていた。街で突然、コンデンスミルクやオレンジ、バナナなどの稀少《きしょう》品が売りにだされたとき、買うことができるようにである。

このような稀少品は、販売されても、コンデンスミルクは一人二個、バナナは三キロまでというような購入量の制限がなされていた。たとえ自分が必要としなくても、このような商品は制限量ぎりぎりまで購入する。そして、親戚《しんせき》や知人に配るのである。そうすると別の機会に、親戚や友人が、卵や肉、闇市場で入手した西側の石鹸《せっけん》など、別の稀少品で「お返し」をしてくれるからだ。このような相互扶助で、ロシア人の生活は成り立っていたのである。ちなみにこのような相互扶助は、ロシアが完全に資本主義化した現在も続いている。

経済的に困窮したロシア人は、ここのところで、「国家に頼っていても、生き残っていくことはできない」と感じた。もっともロシア国家は、安価な住宅を供給（貸与）すること、無料での集中暖房の供給（各都市に熱湯供給工場をつくり、そこから各家庭に暖房用と生活使用のための熱湯を供給した。この熱湯供給工場に近い地域では、外気はマイナス二〇度でも、室内は二五度を超えることがある。部屋にはすきま風が入らないように目張りがなされている。すきま風が入ると、二五度を超えていた室温が一気に氷点下に下がる。したがって、いくら室温が高くなっても、窓を開けて温度を調節することはできない。だから、ロシア人はむしろ真冬に屋内で半袖《はんそで》で生活をすることが多いのである）、廉価での地下鉄、路面電車、バス、トロリーバスのような公共交通機関の運行を行っており、かなりの程度、国民生活を支える政策を遂行していたのであるが、このような公共サービスを無料、もしくは廉価で受けるのが当たり前と思っている国民は、国家に対して、特段の感謝をしなかった。

ロシア国民はエリツィン政権をどう見たか

産業連関は破壊された。軍産複合体や国際競争力の弱い家電製品（ソ連の家電製品、特にカラーテレビは不良品が多く、文字通り、火を噴くことで悪名高かった。しかも、労働者の平均給与三ヵ月分くらいの価格だった）は淘汰《とうた》され、かつて存在しなかった失業という現象が見られた。失業者たちは自家菜園で農業を始め、ジャガイモや野菜を作ることで、飢えをしのいだ。それに、親戚、友人間の相互扶助が加わった。住宅、暖房、給水、電気、ガスの供給は中断しなかったので、これで生活をすることができたのである。ちなみに、当時、電気は従量制だったが、ガスは定額制だった。そこで、家庭用ガスの圧縮機なるものが闇で販売されるようになった。ガソリン車をＬＰＧガス車に改造し、自宅でガスを詰めれば「タダで走る」車が生まれることになる。ソ連崩壊後の混乱で、産油国であるにもかかわらずロシア国内ではガソリン不足が常態化したために、ガス車が増えたのである。手製で改造したガス車、さらに自宅でのガス詰め作業などは、事故につながり、危険きわまりない。事実、ガス爆発事故がいくつか起きた。

失業者たちも、少し努力をすれば、生活だけは何とかできた。パンやジャガイモ、牛乳、マカロニ、米、砂糖などに対する補助金政策が行われていたので、生命を維持するのに必要なカロリーを摂取することはできた。しかし、人間は動物として食べていくことができれば満足するという存在ではない。自らが生きていることに、何らかの社会的意義があるということを感じていなくては、生きることができない人々もいる。特に軍産複合体でソ連産業界の最先端を担っていた技師たちは、失業によって人生の意味を失ってしまった。ソ連体制が悪であると断罪されたのである。それならば、「悪の帝国」であるソ連を守っていた軍人やそれを技術的に支えてきた技師たちの人生は、「悪の帝国」を支えてきた有害な人生になる。そのような歴史的評価に耐えることができなくなり、ウオトカに溺《おぼ》れたり、自殺する人々もかなりいた。

しかし、それであってもロシア人の大多数は、ソ連崩壊と自由、民主主義、市場経済を歓迎した。自由については、既にゴルバチョフが進めたペレストロイカ（建て直し）政策は、西側諸国並みの言論の自由、表現の自由を実現していた。しかし、それは法的に確立された権利ではなかった。もっとも、ソ連時代には、法に定められた手続きを無視して検閲や異論派（体制に対して異議申し立てをするが、あくまでも言論による批判にとどめ、組織的なソ連国家転覆活動を行わない人々。これらの人々は、ソ連憲法やソ連が締結した国際条約で保証された正当な権利の保障を求めるという形態で運動を展開した）に対する弾圧が行われたので、法的な保障よりも、「法を守る」という文化が国家と社会に定着することが重要だった（その意味で、「法の独裁」を掲げたプーチン大統領の政策は、ロシア国民の要望に適《かな》うものだったのである）。

その姿を見て、筆者は「自由かパンか」という定式は完全な誤りであり、「自由もパンも」というのが、人間の自然な要求であると感じた。エリツィン政権の基本路線は支持する。しかし、エリツィン政権は支持できないという不思議な状況が、結局、ソ連崩壊以後、一九九九年一二月三一日にエリツィンが大統領職を任期前に辞任するまで続いた。

信任なき政権、崩壊せず

新自由主義が加速する国家・政治への無関心

さて、この過程で、ロシア人の国家観、政治観が、かなり変容したと筆者は見ている。変容したというよりも、ブレジネフ時代のような安定期の国家観、政治観に再び戻ったのだと思う。「ショック療法」後、「国家は国民生活を守ってくれない」という意識が広まり、ロシア人はかつてなく、国家に対して冷淡になった。

筆者は、ロシア人の国家意識は、五月八、九日の対独戦勝記念日に対する態度で決まると考えている。外交の世界には、国祭日《ナショナル・デー》というものがある。日本の場合、天皇誕生日である。敗戦までの国祭日は天長節だったので、日本にとって最大の祝日は、今上天皇の誕生日であるということで一貫している。

ソ連の国祭日は、一一月七日であった。一九一七年一一月七日にロシアで社会主義革命が行われたことを記念して、この日を革命記念日とした。ちなみに日本は、ソ連のスパイだったリヒャルト・ゾルゲを一九四四年一一月七日に絞首刑にした。ソ連に対する嫌がらせである。連合軍は、東条英機《とうじょうひでき》元首相をはじめとする七名のいわゆる「A級戦犯」を一九四八年一二月二三日に処刑した。この日が、皇太子の誕生日で、後に日本の国祭日になるということを読んだうえで、アメリカがあえてこの日を選んだのだと筆者は考える。一二月二三日の国祭日を日本人が祝うたびに、「A級戦犯」の処刑のことを思い出させ、「二度とアメリカに刃向かうんじゃないぞ」という思想を日本人に徹底させるためである。

現下、ロシアの国祭日は、六月一二日である。一九九〇年六月一二日に、ロシア最高会議が、国名を「ロシア・ソビエト連邦社会主義共和国」から「ロシア連邦」に改称し、主権宣言を採択し、エリツィンが最高会議議長に就任したこの日を、新生ロシア国家の原点とするという考え方である。

もっとも、これが後知恵によって押し込まれた物語であることは明白だ。ロシア主権宣言の文言をよく見ればわかるように、ロシア連邦は、ソ連国家の中での主権国家であるという意味だ。要は主権の定義であるが、この主権宣言で、ロシアがソ連の解体、もしくはソ連からの分離独立を考えたわけではない。ソ連の枠組みの中で、ロシアの取り分を多くしろと言っているに過ぎない。政府と東京都の間で、国と地方に関する権限争いをしているようなものだ。エリツィンが大統領と称したといってもソ連国家内の「ロシア知事」の名称変更に過ぎない。「ロシアの主権が一九九〇年六月一二日に確立された」というのは、現代の神話なのである。それだから、ロシアの外交官たちも、大使館で国祭日のレセプション（祝賀会）を行うのであるが、いまひとつ力が入らないのである。

これに対して、対独戦勝記念日は、文字通り国民の祭日である。大祖国戦争（ソ連・ロシアでは第二次世界大戦のことを大祖国戦争と呼ぶ。これに対して、一八一二年のナポレオン戦争が祖国戦争）については、学校の公教育、新聞、テレビ、ラジオ、雑誌などのマスメディア、文学作品、さらにこの戦争を体験した人々からの口述伝承によって、ロシア人に徹底的に刷り込まれている。

筆者は、前述の一九八七年八月から一九九五年三月までのモスクワ勤務時に、七回の対独戦勝記念日をこの目で見た。一九九三年五月の対独戦勝記念日が最も低調だった。国民が生活に追われ、祭日どころではなく、またロシア国内で、大統領と最高会議（国会）の関係が緊張し、当事者にとっては重要であるだろうが、国民生活には何の関係もない政争に明け暮れていたことがその理由である。双方の勢力が国益を強調したが、それが特定のグループの利益で、国家の利益とも国民の利益とも関係がないことをロシア人が察知し、その結果、国家そのものに対する関心が薄れた。敵国であったドイツが、ロシアに対する最大の支援国になった。コール首相は、ゴルバチョフ・ソ連大統領をたくみに説得して、ゴルバチョフから「ドイツがNATO（北大西洋条約機構）にとどまったまま統一することを認める」という言質《げんち》を取り付けた。ソ連崩壊後、ロシア人から怨《うら》まれることを避けるために、ドイツは経済合理性を無視してロシアを支援した。その結果、ドイツが敵であるというのも、どうもロシア人の皮膚感覚に合致しなくなった。

「低支持率／政権維持」の法則

国立銀行総裁人事や閣僚人事で国会が紛糾し、ひたすら対立が激化していった。最高会議における大統領派と反大統領派の対立が激化すればするほど、一般国民の政治への関心は低くなる。その結果起きたのが、一九九三年一〇月のモスクワ騒擾《そうじょう》事件である。

モスクワ騒擾事件がなぜ起きたかについての分析は、ロシアでもきちんとなされていない。エリツィン大統領を中心とする民主改革派とハズブラートフ最高会議議長、ルツコイ副大統領、共産党が野合した守旧派の対立というのが、その後、流布した物語であるが、ハズブラートフ派、ルツコイ派はそれぞれ個人的関係によって結びついた緩やかなグループで、共産党とは一線を画していた。エリツィン、ハズブラートフ、ルツコイは、一九九一年八月のソ連共産党守旧派によるクーデター未遂事件のときは、ともにソ連軍の戦車の前に立って抵抗した盟友である。それがちょっとした人間関係の確執から対立し、殺し合いに至った「内ゲバ」事件であると筆者は見ている。最終的に、エリツィン側が戦車から大砲をホワイトハウス（最高会議建物）に撃ち込むことで、問題を力によって解決した。

この解決策をロシア人は支持した。そうでなければ、ロシアに全面的なカオス（混乱）が発生することが明白だったからだ。それは、エリツィンに対する積極的支持ではなく、国家権力が空白になってしまうならば、カオスが生じ、社会が破壊され、生活基盤が失われてしまうと一般のロシア人が考えるようになったからである。

その後、一九九三年一二月、大統領に権力を集中した新憲法が国民投票によって採択された。そして、国家院（下院）と連邦院（上院）の二院制の議会ができ、民意が国政に反映できるシステムが整った。しかし、国民は基本的に政治に背を向けた。一九九三年一〇月のモスクワ騒擾事件のように、政治家の確執から殺し合いを始め、社会を破壊する悪であるという意識が強まったのである。

この傾向を、一九九四年一二月に始まった第一次チェチェン戦争が加速させた。ロシアで初めて良心的兵役拒否運動が起きた。そして「兵士たちの母の会」が組織されて、チェチェン戦争に反対する行動をとるようになる。マスメディアもこのような反戦の動きを積極的に報じた。

新自由主義的経済改革に加え、民営化という名での国有財産の「分捕り合戦」が始まった。国富の三分の一が「オリガルヒヤ」と呼ばれる八人の寡占《かせん》資本家の手に握られるような状況になり、生活に追われた一般のロシア人は、政治に関与する余裕を失った。

このような状況で、エリツィン大統領の支持率は著しく低下し、一九九六年一月には一桁、八パーセントなどという調査結果が出るようになった。その年の六月には大統領選挙が予定されていた。

一九九六年春、クレムリン高官にこう言われたことがある。

「ほんとうにエリツィンが八パーセントも支持されていると思っているのか」

「エッ、どういうことだ。もっと低いのか」

「よく聞け、サトウ。俺たちは裏で世論調査をやった。結果は、支持率二パーセントだった」

「……」

「これで、エリツィン再選の芽が出てきた」

「わからない。どういうことだ」

「エリツィンの対抗候補はジュガーノフ共産党議長しかいない。ジュガーノフの支持勢力は、最大限で三〇パーセントだ」

「それじゃエリツィンに勝ち目はないじゃないか」

「逆だ。共産党政権の成立が現実にあるということになれば、いままでエリツィンに反目していた連中も、共産党になって私有財産を取り上げられることを恐れる。さらに、いまはエリツィンから離れているが、過去、エリツィン政権の要職にあったとき、共産党パージをやった連中が、報復を恐れて、エリツィン再選を実現するため手弁当で駆けつける」

「そううまくいくかな」

「いく。これから、共産党政権が成立すれば、オリガルヒヤの私兵との間で内戦が起きる。このことも国民は嫌がるので、宣伝する」

「汚いやり方だな」

「汚くても勝てばいい。もし、ジュガーノフ政権ができるなら俺（クレムリン高官）は、確実にレフォルトボ（秘密警察の監獄）に送られる。それから北方領土問題も絶対に解決しなくなる」

「僕のことは脅さなくてもいい。ロシアの選挙権をもっていない」

「いや、国際的支援も必要だ」

結局、エリツィン側は体制選択を選挙戦の前面に打ち出し、エリツィン再選を実現した。

ここから、教訓を読み取ることができる。

第一に、格差が広がり、大多数の国民が貧困層に陥り、生活に追われている。そのため政治に対する関心が著しく低くなっている。

第二に、現政権の野党が政権を握ると、国民生活に不安を与え、混乱が予測される。

このような二つの条件が満たされていれば、たとえ二パーセントの支持率でも政権を維持することは可能だ。

わが福田政権は二四パーセントも支持されている。一九九六年初頭のエリツィン政権よりは圧倒的に高い。

弱体な福田政権が早期に解体するという見通しに筆者が賛成しないのは、エリツィン政権が長期政権になったときと類似の環境が日本で整いつつあるからだ。

第8章　北方領土と竹島

領土交渉とは武器を用いない戦争である。洞爺湖サミットでの北方四島の環境保全に向けたロシア側シグナル、そして竹島問題をめぐる日本外務省の二重基準を読み解き、新たな局面を迎えた日本の二つの領土問題を検証する。

メドベージェフの〝シグナル〟

国家と領土

いかにグローバリゼーションが進んでも、現下の国際情勢の基本単位になるのは主権国家である。国家の基礎は領土である。自国の領土を実効支配できていない国家は、一人前の国家とは言えないのである。

わが国は、北方領土、すなわち歯舞《はぼまい》群島、色丹《しこたん》島、国後《くなしり》島、択捉《えとろふ》島の北方四島をロシアによって、竹島を韓国によって、不法占拠されたままの状態にある。この二つの領土を奪還することは、日本国家の原理原則であり、日本国民の悲願である。

ちなみに尖閣《せんかく》諸島をめぐる領土問題は存在しない。尖閣諸島は、日本が実効支配している。したがって、現状を淡々と維持していればよい。中国や台湾からの「領土」要求については、「そのような問題は存在しない」と言って、相手の要求を入り口で却下することが重要である。一般論として、自らが実効支配している領域に関して、領土問題の存在を認めることは、相手国の領土要求を認める第一歩になる。ここで重要なのは、尖閣諸島をめぐる領土問題は存在しないということで、日本の国論を一致させることだ。もともと中国は尖閣諸島が日本領であるということについて、異議をまったく唱えていなかった。〈中国が尖閣諸島を台湾の一部と考えていなかったことは、サン・フランシスコ平和条約第三条に基づき米国の施政下に置かれた地域に同諸島が含まれている事実に対し従来何等異議を唱えなかったことからも明らかであり、中華人民共和国政府の場合も台湾当局の場合も一九七〇年後半東シナ海大陸棚の石油開発の動きが表面化するに及びはじめて尖閣諸島の領有権を問題とするに至ったもの〉（日本外務省ＨＰ）である。

領土問題は、どちらか一方が領土要求を行えば、客観的に見て領土問題が存在するという第三者的な見方は、外交的には完全な誤りだ。外交とは国益の極大化を目指すゲームである。大学のゼミにおける議論とは異なるのである。日本が韓国に対しては、領土問題の存在を認めさせることに努力しても、中国や台湾からの「領土」要求に対して一切耳を傾けないのは、確かに非対称的であるが、これが国際政治というものなのだ。

二〇〇八年、北方領土問題と竹島問題の双方において動きがあったので、それについて考察してみたい。

『北海道新聞』を活用するロシア

北海道洞爺湖《とうやこ》サミット（G８首脳会議）に参加するために訪日したドミトリー・メドベージェフ露大統領と福田康夫首相が二〇〇八年七月八日に会談した。

ロシア側はかなり周到に対日外交戦略を組み立て、日本に対してシグナルを発信した。対日関係について、ロシアは『北海道新聞』を活用した。同年七月五日付『北海道新聞』朝刊にメドベージェフ大統領の書面メッセージが掲載された。新聞記者には、後追いを嫌がる本性がある。『北海道新聞』に特別の大統領メッセージを送っても、全国紙は掲載せずに大きなハレーションが起きることがないという読みが働いている。
北海道に在住する人々以外に、メドベージェフ大統領のメッセージはまったく知られていないので、その全文を引用しておく。

〈『北海道新聞』読者の皆様（みなさま）へ
貴紙の読者諸氏に対しまして、ここにご挨拶（あいさつ）できますことは、私にとりましてこの上ない喜びでございます。私は、日本国の、特にロシアに近い地域である北海道を、はじめて訪問いたします。私が、皆様の北海道をお訪ねする主要な目的は、言うまでもなく、G8サミットに参加することです。日本の福田首相と私は、露日関係の大切な問題について、共に協議を続けるための時間を、必ずとらせていただきます。
福田首相と私は、過日、首相がモスクワへお越しになった際に、すでにお会いしていました。その折、私たちは建設的なパートナーシップを築いていくことを確認しあいました。その根底には、隣国として多角的な友好関係を持ちたいという当然の欲求と、ロシアと日本の人々が互いに好意と関心をもっているということがあります。
両国は、共に、アジアの強固な安定と安全を目指しています。私たちは、多くの重要な国際問題の解決に向けて、同じようなアプローチを堅持しています。

もちろん露日の関係には、まだ問題が残っています。それには、国境画定や平和条約の締結といった複雑なものも含まれています。これにあたっては、私たちは、互いに尊敬をもって建設的な対話を行い、双方が受け入れられる解決の方途を模索しています。

一言で言えば、私たちは、両国関係が、全く新しくより成熟したパートナーシップへ発展していくことを期待するに足る十分な根拠をもっています。

北海道訪問に際し、私は両国の交流の歴史について、より深く知りました。北海道は、両国関係史において、一方（ひとかた）ならぬ役割を果たしてきています。外交関係の樹立以前に、この地域でロシア人と日本人の最初の交流があったのです。ですから、ちょうど百五十年前に、函館に最初のロシア領事館ができたのも、偶然ではありません。当時の領事となったのは、ロシアの有名な外交官であるイオシフ・ゴシュケービッチでした。

そしてまさにこの函館港から露日貿易が始まったのです。またロシア太平洋艦隊が創設まもない頃（ころ）、数年にわたって、冬季に寄港していました。

一八六一年、函館に日本で最初の正教会が建立され、若い修道司祭ニコライ――後に日本の大主教―が任務につきました。ニコライは、生涯を両国民の友好に捧（ささ）げた卓越した宣教師でした。

この善隣と信頼の伝統は、今日も生き続けています。ロシアの隣接地域との交流を積極的にすすめている北海道の政治家、企業、市民の皆さんをたたえたいと思います。なによりも、サハリン州と北海道は、定期空路・航路で結ばれています。札幌には、サハリン州事務所があり、ユジノサハリンスクには、北海道サハリン事務所があります。また、北海道とサハリンの多くの都市が姉妹都市交流を結んでいます。一九九四年には、函館に極東大学の分校が開校しました。露日経済協力の画期的な新しいかたちであるサハリン石油ガスプロジェクト実施についても北海道が貢献していることを申し上げておきたいと思います。私は、あえて詳しくこれらの交流を取り上げました。というのも、こうした事実がいずれも、経済や人文分野での友好的な交流を強め、発展させていきたいとの双方の思いを物語っているからです。

皆さんがいかに自然を大切にされているか、日本の北に位置する北海道の自然がいかに素晴らしいか、私たちはよく知っています。特に、ユネスコの世界遺産に登録された知床国立公園は、ロシアでもよく知られています。ちなみに、環境分野においても、専門家・学者の実りある交流の実績が積まれています。今、私たちは、露日隣接地域生態系の合理的利用・保護協力プログラムという重要な文書を新たに共同で作成しています。開催間近のG8サミットの主要テーマのひとつとしても環境保護の問題がとりあげられています。そうした意味で、北海道がサミット開催地に選ばれたことは、大変象徴的です。

最後に、貴紙を通じて、日本全国民の皆様のご多幸とご繁栄をお祈り申し上げます。

D・メドベージェフ（原文のまま）〉

（二〇〇八年七月五日付『北海道新聞』朝刊）

メドベージェフのメッセージ、その三つのポイント

第一に重要なことは、プーチン前大統領（現首相）に関する言及が一切ないことである。通常、「プーチン前大統領のときから築かれている友好的な露日関係を継承し」というような外交辞令が入るのだが、それがない。外交は、大統領の専管事項であるということを、言外に強調している。

第二に重要なのは、〈もちろん露日の関係には、まだ問題が残っています。それには、

国境画定や平和条約の締結といった複雑なものも含まれています。これにあたっては、私たちは、互いに尊敬をもって建設的な対話を行い、双方が受け入れられる解決の方途を模索しています〉という言葉を用いたことだ。特に国境画定が問題であると認めたことは、日露間に国境が存在しないという前提で初めて成り立つ。国境が画定していない以上、ロシアの領土も画定していない。ロシアの領土保全は譲れないとロシア側が言った場合、「北方四島については、ロシア領であるか否かが明確になっていないので、領土保全の義務は生じない」と日本側から明確に指摘する必要がある。

第三は、北方四島周辺の環境保全に対して、ロシア大統領が積極的に取り組む意向を示したことだ。メドベージェフは、〈皆さんがいかに自然を大切にされているか、日本の北に位置する北海道の自然がいかに素晴らしいか、私たちはよく知っています。特に、ユネスコの世界遺産に登録された知床国立公園は、ロシアでもよく知られています。ちなみに、環境分野においても、専門家・学者の実りある交流の実績が積まれています。今、私たちは、露日隣接地域生態系の合理的利用・保護協力プログラムという重要な文書を新たに共同で作成しています〉と述べる。

この発言は、知床《しれとこ》世界自然遺産を北方四島とウルップ島に拡大していこうとする「日露平和公園構想」を念頭に置いている。七月八日の日露首脳会談で、〈日露の隣接地域における生態系保全に関する政府間協力プログラムがまとまったことを歓迎し、今後この重要な分野での協力を具体的に進めていくことで一致した〉（日本外務省ＨＰ）が、要は北方四島の帰属問題について双方の立場を毀損《きそん》しない形で生態系を保全し、環境を保護するという考え方だ。北方四島の環境協力で日露間の信頼関係を増進すれば、領土問題の解決に向けた政治的環境も整備される。メドベージェフ新大統領が日本に投げてきたシグナルは悪くない。

領土問題の交渉術

どこから始めるか？――北方領土問題をめぐる諸合意と諸文書

二〇〇八年七月八日の日露首脳会談では、北方領土問題に関しては、以下の経緯があった。

〈（１）福田総理より、両国関係を高い次元に引き上げるためには、唯一の政治懸案である領土問題を解決し、国民のわだかまりを取り除く必要がある旨述べたのに対し、メドヴェージェフ大統領より、領土問題が解決されれば、両国関係が最高水準に引き上げられることに疑いがなく、現状の両国関係を抜本的に変えられると思う旨述べた。
(2) その上で、現段階での両首脳の間の共通の認識として、以下の諸点で一致した。
(イ) 第一に、アジア太平洋地域において、日露両国が協力と連携を深めていくことは、両国の戦略的な利益に合致するのみならず、この地域の安定と繁栄に貢献するためにも必要であること。
(ロ) 第二に、戦略的に重要な隣国である両国間に平和条約が存在しないことは、幅広い分野における日露関係の進展にとり支障になっていること。日露双方とも両国関係を完全に正常化するため、この問題を棚上げすることなく、できるだけ早期に解決することを強く望んでいること。
(ハ) 第三に、平和条約については、日露間の領土問題を最終的に解決するものでなければならないこと。この問題の解決は、日露両国の利益に合致し、双方にとって受入れ可能なものでなければならないこと。
(ニ) 第四に、日露双方は、以上の共通認識に従い、これまでに達成された諸合意及び諸文書に基づき、平和条約につき、首脳レベルを含む交渉を誠実に行っていく意向であること。そして、この問題を最終的に解決するために前進しようとする決意が双方において存在すること。〉（日本外務省ＨＰ）

ここで重要なのは、〈これまでに達成された諸合意及び諸文書〉のうち、どれを基本に交渉を進めるかである。二〇〇一年三月のイルクーツク声明を基点にすれば、今後、日本にとって最も有利な交渉が展開できる。

「イルクーツク声明」――その全文と戦略的意義

イルクーツク声明についても、名称は目にするが、テキスト自体を目にすることは滅多にない。外交交渉は、過去の合意文書から出発するものである。それほど長い文書ではないので、この機会にイルクーツク声明の全文を読んでおこう。

〈平和条約問題に関する交渉の今後の継続に関する日本国総理大臣及びロシア連邦大統領のイルクーツク声明（平成一三年［佐藤註：二〇〇一年］三月二五日）

森喜朗日本国総理大臣とV・V・プーチン・ロシア連邦大統領は、二〇〇一年三月二五日イルクーツクにて会談した。双方は、二〇〇〇年四月の日本国総理大臣のサンクト・ペテルブルグ訪問及び二〇〇〇年九月のロシア連邦大統領の東京訪問以降、両国関係がすべての分野で一層発展を見せていることに満足の意を表明した。

二〇〇〇年九月五日に署名された平和条約問題に関する日本国総理大臣及びロシア連邦大統領の声明において合意された諸点を踏まえて、平和条約問題についての突っ込んだ意見交換が行われた。

双方は、九〇年代において、交渉プロセスが質的に活発化し、相互の立場に関する認識が深化したことを表明する。交渉に対し、重要で肯定的な弾みを与えたのは、一九九三年の日露関係に関する東京宣言に基づき、二〇〇〇年までに平和条約を締結するよう全力を尽くすというクラスノヤルスク合意である。双方は、クラスノヤルスク合意の実現に関する作業が重要な成果をもたらしたこと及びその創造的な力を今後とも維持しなくてはならないことを指摘した。

双方は、この関連で、平和条約の締結が、日露関係の前進的発展の一層の活発化を促し、その関係の質的に新しい段階を開くであろうとの確信に基づき、

●平和条約締結に関する更なる交渉を、一九五六年の日本国とソヴィエト社会主義共和国連邦との共同宣言、一九七三年の日ソ共同声明、一九九一年の日ソ共同声明、一九九三年の日露関係に関する東京宣言、一九九八年の日本国とロシア連邦の間の創造的パートナーシップ構築に関するモスクワ宣言、二〇〇〇年の平和条約問題に関する日本国総理大臣及びロシア連邦大統領の声明及び本声明を含む、今日までに採択された諸文書に基づいて行うことに合意した。

●一九五六年の日本国とソヴィエト社会主義共和国連邦との共同宣言が、両国間の外交関係の回復後の平和条約締結に関する交渉プロセスの出発点を設定した基本的な法的文書であることを確認した。

●その上で、一九九三年の日露関係に関する東京宣言に基づき、択捉島、国後島、色丹島及び歯舞群島の帰属に関する問題を解決することにより、平和条約を締結し、もって両国間の関係を完全に正常化するため、今後の交渉を促進することで合意した。

●相互に受け入れ可能な解決に達することを目的として、交渉を活発化させ、平和条約締結に向けた前進の具体的な方向性をあり得べき最も早い時点で決定することで合意した。

●平和条約の早期締結のための環境を整備することを目的とする、択捉島、国後島、色丹島及び歯舞群島を巡る協力を継続することを確認した。
●二〇〇一年一月一六日にモスクワで河野外務大臣とイワノフ外務大臣により署名された「日露間領土問題の歴史に関する共同作成資料集の新版及び平和条約締結の重要性に関する世論啓発事業に関する覚書」の実施の重要性を確認した。

双方は、交渉を行う上で極めて重要なのは、日露関係において相互理解、信頼及び多様な方面における幅広い互恵的な協力に基づく雰囲気を維持することであることを基本とする。

二〇〇一年三月二五日　イルクーツクにて
日本国総理大臣　森喜朗　　ロシア連邦大統領　プーチン、ウラジーミル・ウラジーミロヴィッチ〉（日本外務省ＨＰ）

イルクーツク声明では、平和条約締結後にロシアが歯舞群島と色丹島を日本に引き渡すことを約束した一九五六年日ソ共同宣言と、歯舞群島、色丹島、国後島、択捉島の帰属に関する問題を解決して平和条約を締結することを約束した一九九三年東京宣言の双方の内容が明示的に確認されている。過去の北方領土交渉において、イルクーツク声明が日本にとっていちばん有利な文書なのである。

今後、イルクーツク声明を基礎に、交渉をどう進めていくか、日本外務省が戦略を練らなくてはならない。そのためには、まず日露の外交当局者間に信頼関係を構築することが重要である。

日本青年会議所（JC）の活動

二〇〇八年七月一九日、パシフィコ横浜で行われた社団法人日本青年会議所（JC）「サマーコンファレンス二〇〇八」の「領土・領海問題委員会セミナー」のパネルディスカッションに筆者と鈴木宗男衆議院議員（新党大地代表）が呼ばれ、率直な話をしてきた。

一九九七年から二〇〇一年にかけて、北方領土交渉が本格的に動く過程で、根室《ねむろ》、中標津《なかしべつ》、釧路《くしろ》の各JCのメンバーたちは大きな役割を果たした。これらのJCのメンバーには、元島民の三世も多く、ビザなし交流による四島からのロシア人受け入れ、また北方四島への人道支援などで、自腹を切り、貢献をしてくれた。JCには、中央官庁や新聞社や大商社などに就職する可能性もあったが、家業を継ぐために出身地域に戻った人々が多い。J

Cのメンバーは、身銭を切って、また自分の時間を用いている。この時間を仕事に振り向ければ、収益が上がるので、機会費用を失っていることになる。このような形で、日本社会のため、日本国家のために果たしている役割は大きい。この人々が、日本が抱える領土問題に取り組んでいることには大きな意義がある。

特に感銘を受けたのは、JCが北方領土問題だけでなく、竹島問題にも真剣に取り組んでいることだ。前に述べたように、日本が抱える領土問題は、北方領土と竹島の二つだけである。竹島問題については、現在、韓国は竹島（韓国名では独島《トクド》）をめぐる領土問題は存在しないという頑《かたく》なな立場をとっているので、まず竹島をめぐる領土係争が存在することを認めさせるのが、日本の国益に適《かな》う。

繰り返しになるが、第三者的に見るならば、どちらか一方の国家が「領土問題が存在する」と言えば、それは領土問題ではないかという見方もあろうが、外交交渉の観点から見た場合、それはまったく誤った見解である。領土交渉は、大学の国際法ゼミにおける議論とは異なる。国益と国益がぶつかる「武器を用いぬ戦争」の場なのである。それぞれの国家が、歴史、国際法をできるだけ自国に有利になる形で議論を展開する。

それでは、どのような出鱈目《でたらめ》な議論でも通るのかと言えば、そうではない。第三国が、領土交渉を行う当事国の主張を注意深く観察している。そこで国際法的に根拠のない主張や実証史学の裏付けがない「歴史的事実」に固執すると、「あの国は国際社会のルールを守らない。世界秩序の攪乱《かくらん》要因になるのではないか」という警戒感を世界各国からもたれる。北方領土、竹島、尖閣諸島が日本領であるということは、現行の国際法、実証史学の裏付けの双方から、客観的に見ても日本にとって有利なので、日本は毅然《きぜん》と自らの主張を展開すればよい。

◢竹島問題をめぐる日本外務省の二重基準

前述の七月一九日の講演で、筆者も鈴木宗男氏も強調したことであるが、竹島問題をめぐる日本外務省の二重基準《ダブルスタンダード》が国益を毀損している。

鈴木氏は、二〇〇五年に衆議院議員に返り咲いた後、竹島に関して三八本の質問主意書を提出し、外務省が竹島に関する小冊子を作るべきであると主張してきた。二〇〇八年二月、外務省はついに『竹島問題を理解するための10のポイント』という小冊子を発行した。その中で、〈韓国による竹島の占拠は、国際法上何ら根拠がないまま行われている不法占拠であり、韓国がこのような不法占拠に基づいて竹島に対して行ういかなる措置も法的な正当性を有するものではありません。このような行為は、竹島の領有権をめぐる我が国の立場に照らして決して容認できるものではなく、竹島をめぐり韓国側が何らかの措置等を行うたびに厳重な抗議を重ねるとともに、その撤回を求めてきています〉と述べている。この記述自体は毅然と日本の国益を擁護している。遅きに失したとはいえ、このような小冊子を外務省が出したことについては評価できる。

しかし、問題は、外務官僚が実際に何を行っているかだ。鈴木氏と筆者は、二〇〇八年六月二四日に島根県庁の竹島資料室を訪れたが、そこに外務省が送った小冊子の部数は合計で一五部だった。これでは、アリバイのために配布していると言われても仕方がない。竹島を管轄する隠岐《おき》の島町には一部も送付されていないのである。外務官僚の不作為以外のなにものでもない。

さらに、もっとおかしなこともある。同年六月一六日、島根大学で行われた講演で、外務省国連政策課の首席事務官が「北朝鮮による拉致《らち》問題で、韓国の助けを得なくてはならないので、竹島問題では韓国に対して強くでることができない」との趣旨の発言を行ったことが、島根の竹島返還運動関係者の間で顰蹙《ひんしゅく》を買っている。

同年七月一四日の記者会見で、町村信孝《のぶたか》官房長官は〈日韓関係がぎくしゃくすると、新時代に向けた積極的な動きが頓挫するだけでなく、六者協議や拉致問題の解決にも悪影響を及ぼしかねない〉（二〇〇八年七月一四日付 asahi.com）と述べているが、これも外務省の振りつけに基づいて行われた発言と筆者は見ている。北朝鮮による日本人拉致は、日本人の人権が侵害されるとともに日本国家の国権（主権）が侵害された事案だ。韓国による竹島の不法占拠も日本の国家主権に対する侵害だ。

二〇〇三年にアメリカの湾岸戦争に協力して、自衛隊を派兵する際に、政府は北朝鮮による日本人拉致問題を解決するためには、同盟関係にあるアメリカの支援が必要だと主張した。しかし、二〇〇八年八月一一日以降は、アメリカは北朝鮮をテロ支援国家のリストから外す。もはやアメリカが拉致問題解決に積極的に取り組むことは期待できない。

ましてや、わが国との間で、歴史認識で複雑な問題を抱える韓国から拉致問題について本格的支援が得られるという発想自体が、根本から間違っている。竹島は韓国に「拉致」されているのだという基本認識で毅然たる外交を行うことが日本の国益に合致する。

あとがき――テロとクーデターを避けるために

インテリジェンス機関の分析専門家は、情勢を悲観的に予測する傾向がある。

「真っ暗な絵だな。もっと明るい見通しはないのか」とインテリジェンス機関の幹部は、分析専門家に意見を述べる。

これに対して分析専門家はこう答える。

「悲観主義者とは、十分な情報をもっている楽観主義者のことを言います」

この話を私は、SVR（ロシア対外諜報《ちょうほう》庁）とモサド（イスラエル諜報特務庁）の幹部から聞かされたことがある。SVRとモサドの幹部が言いたかったことは、「情報に通じた分析専門家が描く悲観的なシナリオをどのようにして楽観的見通しに転換するかが、インテリジェンス機関の幹部としての腕だ」ということなのだと思う。

新自由主義社会の行方について記した本書の論考を読み返し、確かに明るい絵は描かれていない。これでも論考が過度に悲観的にならないようにすることを意識したつもりだ。新自由主義からよいものは何も生まれてこない。

それでは、小泉純一郎氏と竹中平蔵氏が進めた新自由主義的改革は、不必要であったのか？　あるいは、別の改革の道があったのだろうか？　私はそのような問いには意味がないと思う。

あの改革は必然だった。ここで小泉純一郎氏、竹中平蔵氏という固有名詞は重要ではない。ソ連の崩壊（自壊）という歴史的現実が重要である。ソ連が労働者と農民の国家であるというのは虚構だった。また、ソ連が、ロシア人が他の少数民族を抑圧して成り立った帝国であるという見方も間違えている。それならば、ロシア人の血が流れておらず、ロシア語を自由に操ることができなかったグルジア人のスターリンがソ連の独裁者として君臨した事実を説明できない。

あの国は、ソ連共産党中央委員会という絶大な権力をもつが責任は一切負わないという官僚集団が権力の中心にいる、不思議な帝国だった。この権力の中心が、ソ連の最大民族であったロシア人も情け容赦なく弾圧したことは、ソルジェニーツィンの『収容所群島』

を読めばよくわかる。

資本主義国はソ連の影響力を過大評価した。自国の資本家が労働者を過度に搾取すると社会主義革命が起きるのではないかと恐れた。そして、国家が経済に介入し、労働者の保護や雇用確保を促進し、さらに福祉政策を推進した。

ソ連型社会主義の脆弱《ぜいじゃく》さは一九八〇年に入ると明白になった。そこで資本主義国は、活力を取り戻すために「大きな政府」から「小さな政府」への転換を始めた。一九九一年一二月のソ連崩壊で、資本主義国が社会主義革命を恐れなくなった。その結果、露骨に新自由主義政策を推進するようになった。

新自由主義はアトム（原子）的世界観をとる。ばらばらになった個体（個人・企業）が市場での競争を通じて、最適の配分がなされると考える。新自由主義を究極まで推し進めると「規制緩和」ではなく「無規制」になり、「小さな政府」ではなく「無政府」になる。新自由主義は、国家を認めないアナーキズムと親和的なのである。

もっとも、資本主義的な経済主体はどこかで力によって保護されなくてはならない。そうでなくては、競争に勝利して成果を得ても、暴力によってその成果が簒奪《さんだつ》されてしまう危険性があるからだ。国家は、合法的に暴力を行使することができる。しかも、自国の領域内では、合法的暴力を独占することができる。資本主義的な経済主体は、その本質において国家の庇護《ひご》を必要とする。新自由主義が称揚したグローバル資本主義が、東西冷戦後の唯一の超大国である米国と結びついたのは、当然のことだ。

新自由主義による市場原理主義は、森羅万象を商品にする傾向がある。そして、金融派生商品（デリバティブ）という実体経済から著しく乖離《かいり》した投機に新自由主義は流れていった。このような賭博《とばく》経済がいつか破綻《はたん》することは明白だった。そして、二〇〇八年九月の米国証券会社リーマン・ブラザーズの破綻でそれが現実になった。その後、第二次世界大戦後初めての不況が世界を覆っている。各国は国家機能を強化することで、危機から抜け出そうとしている。

しかし、新自由主義において、人々が個体に分断されてしまったために、民族や国民としての連帯感が稀薄《きはく》になった。日本の場合、旧来の村落共同体が解体された後も終身雇用制のもとで、企業（会社）を社会と見立てる「会社主義」が機能していた。しかし、新自由主義の浸透とともに契約社員、派遣社員などの非正規雇用が拡大し、企業を中心とする労働者の連帯感は薄れてきた。

また、証券市場の拡大とともに、会社は社員のものという常識が通用しなくなり、会社は株主のものという金融資本主義の論理が支配的になった。株主の利益に応《こた》え、収益が上がらない企業は、リストラを余儀なくされ、正社員であっても終身雇用が保障されない時代が到来した。

政治の世界においても、冷戦を国内において反映した自民党対社会党の対立図式はなくなった。自民党も民主党も「国民全体の代表」を標榜《ひょうぼう》する。しかし、政治とは、部分(part)の代表である政党(political party)が自らの利益をできるだけ強化すべく議会で討議し、折り合いをつけるというゲームだ。仮にある政党が国民全体の利益を体現するようになれば、そのときは政党が一切必要なくなるときだ。

新自由主義的改革の結果、格差拡大にとどまらず、一九六〇年代に克服したはずの絶対的貧困が日本社会で拡大している。年収二〇〇万円以下の給与所得者が一〇〇〇万人を超えているというのは尋常な状況でない。これでは、普通に結婚して子どもをつくることを経済的理由によってあきらめなくてはならない。

日本社会が内側から崩れ、弱体化しつつある。日本社会が弱体化すれば、当然、日本国家も弱くなる。そして、国家・社会の弱体化とともに、国民が何かに対して苛立《いらだ》ちを感じ、怒っている状況が続いている。多くの国民が二〇〇八年一〇月の田母神俊雄《たもがみとしお》航空幕僚長の論文問題ではクーデターを、翌一一月の元厚生事務次官夫妻等の殺傷事件ではテロを意識した。国民の間に「このような状況ではクーデターやテロが起きてもおかしくない」という恐れがあるとともに、「日本の閉塞状況を通常の政治的手段で打ち破ることは不可能だ。クーデターかテロでも起きないと状況は変わらない」という一種の「期待感」がある。この傾向は危険だ。

政治テロは、「世直し」のために民間の人々が暴力を行使することだ。クーデターは、武器をもつ官僚（自衛官も官僚である）が自らの授権された範囲を超えて、「世直し」のために暴力を行使することだ。

国家は嫉妬《しっと》深い存在である。国家の特徴は、暴力を独占するところにある。裏返して言うならば、国家は、「世直し」という理由で、国家の了承を得ずに暴力を行使した民間人や官僚を絶対に許さない。政治テロやクーデターは、国家によって徹底的に鎮圧される。その結果、国家自体が暴力を剝《む》き出しで行使するようになる。一九三六年、皇道派に属する陸軍青年将校が起こした二・二六事件が軍当局によって徹底的に鎮圧され、その後、統制派に属する軍事官僚によって日本国家が支配されるようになった経緯を想起する必要がある。

現状の閉塞状況が続くと、テロかクーデターが必ず起きると筆者は危惧《きぐ》する。思い詰めた、日本を愛する人々が、暴力によって「世直し」を試みると、その結果、国家が暴力性を高める。この認識を共有することがテロやクーデターの歯止めになる。そのために思想がもつ力をいまここで発揮しなくてはならない。

本書がこうして日の目を見たのも、角川学芸出版の小島直人氏の尽力によるところが大きい。心から感謝します。

二〇〇九年一月二二日

佐藤 優

【初出一覧】

はじめに　新自由主義との思想戦　書き下ろし
序　　章　なぜいま国家について語らなくてはならないのか　角川学芸ウェブマガジン『WEB国家』二〇〇七年九月号
第1章　国家と社会と殺人　『WEB国家』二〇〇八年七月号
第2章　『蟹工船』異論　書き下ろし
第3章　控訴棄却（原題：鈴木宗男氏の控訴棄却）　『WEB国家』二〇〇八年三月号
第4章　農本主義と生産の思想（原題：農本主義の意味）　『WEB国家』二〇〇八年六月号
第5章　内閣自壊（原題：安倍内閣の自壊をどう見るか）　『WEB国家』二〇〇七年一〇月号
第6章　情報漏洩（原題：内閣情報調査室職員による情報漏洩）　『WEB国家』二〇〇八年二月号
第7章　支持率二パーセントでも政権は維持できる　『WEB国家』二〇〇八年五月号
第8章　北方領土と竹島　『WEB国家』二〇〇八年八月号
あとがき　テロとクーデターを避けるために　書き下ろし

佐藤　優（さとう・まさる）

1960年生まれ。起訴休職外務事務官・作家。同志社大学大学院神学研究科修了後、ノンキャリアの専門職員として外務省入省。在ロンドン、在モスクワ日本大使館勤務を経て本省国際情報局分析第一課に勤務。外交官を務めるかたわらモスクワ国立大学哲学部、東京大学教養学部で教鞭をとる。主任分析官として活躍していた2002年に背任・偽計業務妨害容疑で逮捕。512日の勾留を経て03年10月に保釈。執行猶予付き有罪判決をめぐり、現在も最高裁に上告中。著書に、『国家の罠』（新潮社、第59回毎日出版文化賞特別賞）、『自壊する帝国』（新潮社、第38回大宅壮一ノンフィクション賞／第５回新潮ドキュメント賞）、『地球を斬る』（角川学芸出版）、『国家と神とマルクス』『国家と人生』（共に角川文庫）、『獄中記』（岩波書店）など多数。また訳書に、Ｊ・Ｌ・フロマートカ『なぜ私は生きているか——Ｊ・Ｌ・フロマートカ自伝』（新教出版社）などがある。

テロリズムの罠《わな》　左巻《ひだりかん》

——新自由主義《しんじゆうしゅぎ》社会《しゃかい》の行方《ゆくえ》

二〇〇九年二月十日　初版発行
二〇〇九年三月十日　再版発行

佐藤《さとう》　優《まさる》

発行者　青木誠一郎
発行所　株式会社角川学芸出版
東京都文京区本郷五—二十四—五
〒一一三—〇〇三三
電話／編集　〇三—三八一七—八五三五
発売元　株式会社角川グループパブリッシング
東京都千代田区富士見二—十三—三
〒一〇二—八一七七
電話／営業　〇三—三二三八—八五二一
http://www.kadokawa.co.jp/

装丁者　緒方修一（ラーフイン・ワークショップ）
印刷所　暁印刷
製本所　ＢＢＣ

角川oneテーマ21　A-95

ISBN978-4-04-710177-7 C0230

C-156
デキる人は敬語でキメる
日本語力向上会議

正しい敬語で差をつける！　上司から一目置かれ、お客様に信頼してもらえる言葉づかいをマスター。社会生活に欠かせない敬語の使い方を、場面に即し実践的に指南。

B-8
デキる人は「喋《しゃべ》り」が凄い
――勝つ言葉、負ける言葉
日本語力向上会議

「勝つ言葉づかい」でビジネスを大きくする！　間違いやすい言葉、絶対抑えたい基本や、差のつくポイント、冠婚葬祭の言葉の決まりなど、即効性のある指南書。

B-108
デキる人は説明力をこう磨く
日本語力向上会議

心のこもった説明で気持ちよく納得してもらうための技術を磨く。ちょっとしたテクニックで、相手に信頼され、真剣に話をきいてもらえるようになる。

C-152
デキる上司は褒《ほ》め方が凄い
日本語力向上会議

年上の部下や新人、失敗した人など、褒めにくい相手にも使える「褒める技術」を磨くための究極の入門書。社内コミュニケーションを円滑にするコツを徹底解説！

B-47
まだまだ磨ける国語力
――言葉の点検ワークブック
樺島忠夫

「おはらい箱」とはどんな箱か？手紙の結びの「かしこ」の意味は？　日本語力を総復習できる言葉のレベルアップ練習帳。普段使う、なにげない日本語に意外な意味が！

B-97
実践　文豪の日本語
齋藤　孝

日本語を学ぶなら、日本語のプロに！　齋藤孝が選ぶ文豪の名作十作の穴埋めに挑戦。力強く「面白い」表現力が、クイズ方式でみるみる身につく一冊！

A-56
国を誤りたもうことなかれ
近藤道生

日本人が敗戦で失くした「日本のこころ」とは何か？著者の戦中戦後の体験と秘話を通して、日本の道統を伝えるべき一冊！〈日本人とは何か〉を再び考えてみる。